**사장을 위한
인문학 ___**

CEO의 서재 33

왜 세계 최고
CEO들은
인문학에서
답을 찾는가?

사장을 위한
인문학

이남훈 지음

센시오

02 사장의 태도가
직원의 태도다
❖ 조직문화

03 유능한 사장은 인문학으로 다가선다

❖ 리더십

04 인문학에서
문제의 답을 찾다
❖ 지속가능한 회사

Prolog

인문학과 사업이 만나는
지점에 답이 있다

◀ 인문학에서 사업의 답을 찾는 CEO들 ▶

'사업'하면 무엇이 먼저 떠오르는가? 대부분 좋은 물건을 팔거나 탁월한 서비스를 제공하는 일이라고 생각한다. 다른 말로 표현하자면 사업이란, '회사가 소비자를 위해 대신 일하고, 그에 맞는 대가를 지불받는 일'이다. 그런데 여기에 매우 다른 주장 하나가 있다. 경영의 신(神)이라고 불리는 이나모리 가즈오(稲盛和夫)의 말이다.

"경영자의 조건은 자신을 이해하고, 인간을 이해하고, 세상의 법칙을 이해하는 것이다."

여기에는 '물건'에 대한 언급도 없고 '탁월한 서비스'에 대한 내용도 없다. 그냥 사람과 그 사람들이 만들어 낸 세상을 이해하라는 게 전부다. 어떻게 보면 참으로 애매하고 추상적인 말이 아

8 사장을 위한 인문학

닐 수 없다. 좋은 물건을 찾기 위해서 노력하고 탁월한 서비스를 기획해야 하는 사장 처지에서 들으면 별로 소용없는 말로 느껴지기도 한다.

사업에 대해 이와 비슷한 정의를 한 사람이 또 있다. '현대 경영의 아버지'라고 불리는 피터 드러커Peter Drucker다.

"경영이란 전통적 의미의 인문학이다. 지식, 자기인식, 지혜 그리고 리더십의 원리를 실천하고 작용한다는 점에서 과학이 아니라 자유로운 사고며 예술이다."

피터 드러커의 말에도 좋은 물건과 탁월한 서비스에 대한 언급은 전혀 없다.

도대체 어떻게 사업에 성공했습니까?

동서양을 아우르는 최고 경영 구루Guru의 말을 듣자니, 사업이란 게 우리가 알고 있는 상식적인 수준과는 다른 차원의 것일지도 모른다는 생각이 들고, 특별한 경영 노하우나 성공 법칙이 따로 있을 것 같다. 그런데 막상 우리 주변 성공한 사장들에게 이에 관련해 물어보면 예상 밖의 대답이 들려온다.

"도대체 어떻게 사업에 성공했습니까?"

"아, 그건 제가 운이 좋았기 때문입니다. 정말이에요."

이런 대답을 들으면 맥이 빠진다. 이런 생각마저 든다. '그럼

당신은 운이 좋아 성공하고, 나는 운이 없어 이런 고생을 하나!'
그런 생각은 접어두자. 그들은 진심으로 자신의 성공이 운에 의
해 달성됐다고 생각한다. 그리고 그것에 무척 감사하고 있다.

사업 성공의 다른 예를 보자. 우리에게는 조금은 낯선 '비지오
VIZIO'라는 TV 제조 회사가 있다. 북미 TV 시장 점유율 15퍼센
트로 삼성에 이어 2위를 기록한 쟁쟁한 회사다.

2002년에 설립된 이 회사는 설립한 지 10년밖에 되지 않았던
시점에서부터 놀라운 성장세를 거듭해왔다. 많은 전문가는 비
지오의 성공 원인을 이렇게 진단한다.

'신기술 개발도 하지 않고, 혁신제품도 만들지 않았기 때문이
다.'

이 역시 일반인의 상식을 뒤집는 내용이다. 기업이라면 끊임
없이 신기술을 개발하고 혁신제품을 개발해야 하는데, 그것을
전혀 하지 않았기 때문에 성공했다는 이야기다.

세계 최고 경영 그루들의 사업에 관한 정의는 다소 애매하다.
우리 주변의 성공한 사장들은 '운이 좋았다.'라는 맥빠진 대답을
한다. 게다가 신기술도 혁신제품도 만들지 않은 기업이 성공한
다. 사업, 정말 알다가도 모를 일이다. 그러나 이 모든 이야기가
서로 다른 것처럼 보이지만 사실 공통분모가 있다. 그것은 '사
람'과 그 사람의 '마음'이다.

인문학으로 사업을 한다는것

창업을 막 한 사장은 산더미처럼 쌓인 일을 처리하느라 바쁘다. 그러나 어느 정도 성공의 반열에 오르면 그리 할 일이 없는 사람이기도 하다. 아침에 출근해 몇 가지 보고를 받고 판단을 내려주는 일이 거의 전부라고 해도 과언이 아니다.

사장은 불만 섞인 소비자 전화를 받을 일도 없고, 현장에서 제품을 조립하지도 않는다. 약속이 있으면 마음대로 나가도 되고, 점심 식사에 두세 시간을 써도 문제가 없다. 절대적인 일의 양이나 회사에 머무는 시간을 본다면 사장은 거의 '한량'에 가까운 사람이라고 볼 수 있다.

그런데도 회사가 잘 굴러갈 수 있는 것은 직원이 열심히 노력하기 때문이다. 그렇게 해서 좋은 제품과 서비스를 만들어내면, 고객은 때로 대박에 가까운 수익을 안겨주기도 한다. 직원이라는 '사람'이 제품과 서비스를 만들고, 고객이라는 '사람'이 그것을 산다.

이나모리 가즈오가 사람을 이해하라고 역설했던 이유, 피터 드러커가 사업은 인문학Humanities이라고 한 이유가 여기에 있다. 사람이 시작이자 마지막이고, 알파이자 오메가다.

성공한 사장들의 "운이 좋아서 성공했다."라는 말도 마찬가지다. 운의 특징은 통제할 수 없고, 예측도 되지 않는다는 점에 있다. 정의하는 것마저 힘드니 다루는 방법도 종잡을 수가 없다.

그런데 운이란 내가 아닌 타인으로부터 주어지는 성질이 있다. 운의 통제권은 자신이 아닌 남에게 있기 때문에 운은 정말로 아무런 기대도 없는 상태에서 갑자기 주어진다.

누군가와 호의적인 관계라면, 그래서 그 사람의 마음을 내 것으로 만든다면 그는 내가 원하지 않아도 가지고 있는 기회, 실력, 참신한 정보를 내게 나눠주게 된다. 그리고 이것을 접한 나는 한 단계 더 상승할 힘을 얻게 된다. 기대하지 않은 것이니 나에게 '운'으로 보일 뿐이다. 따라서 "운이 좋아서 성공했다."라는 말은 자신이 아닌 다른 '사람'에 의해서 성공했다는 말과 같다.

TV 제조 업체 비지오의 성공도 같은 맥락에서 설명할 수 있다. 그들은 신기술과 혁신제품을 만들지는 않았지만, 기획이나 디자인, 서비스에 집중했다. 그들은 기술이 아닌 '사람'을 봤다.

펜실베이니아 대학교 와튼 스쿨의 조나 버거Jonah Berger 교수가 이런 말을 남겼다.

"너무 새로운 것은 사람들에게 생각이나 행동의 변화를 요구하기 때문에 받아들여지기가 어렵다."

이 말은 곧 신기술과 혁신제품을 계속 출시해 사람들을 피곤하게 하지 말고, 고객이 원하는 디자인과 편리하고 신뢰할 만한 서비스를 제공하는 게 더 나은 방법일 수도 있다는 이야기다.

사업에 실패한 사장들은 대부분 이런 이유를 대곤 한다. 매출이 갑자기 떨어져서. 너무 앞선 아이템이라. 트렌드가 빨리 변해서. 경기가 좋지 않아서. 공동창업자와 싸워서. 누군가에게 사기를 당해서. 이 모든 것은 사업 실패의 본질이 아니다.

사실은 고객 마음을 알지 못했기 때문에 매출이 떨어졌고 그들의 스타일을 몰라서 너무 앞선 아이템을 출시했을 뿐이다. 변하는 소비자 마음을 몰랐기에 트렌드에 뒤처진 것이고, 공동창업자의 생각과 사기꾼의 계획을 몰랐기 때문에 실패한 것이다. 즉, 사업에 실패하는 여러 이유는 사람들이 만들어가는 세상의 흐름을 파악하지 못해서 생겨났다. 사업 실패 원인에는 사람이 아닌 것이 없으며, 마음이 아닌 것이 없다.

사장은 회사 내에서 매우 다양한 일을 해야 하지만, 그 모든 것에 앞서 있는 근본적이고 심층적인 일인 '사람'과 그 사람의 '마음'에 사력을 다해야 한다.

인문학은 사람과 사람 마음을 공부하는 학문이다. 인문학과 사업이 만나는 지점에 답이 있다. 인문학을 알면 어떤 어려운 상황 속에서도 상품이나 서비스를 판매할 수 있는 길이 보인다.

국궁진력, 인문학 경영으로 천하를 호령한 강희제

1935년, 만주족은 한족 2억 명이 살고 있던 명나라를 궤멸시킨 후 청나라를 세웠다. 훗날 청나라는 유라시아의 육상제국을 이룩할 정도로 번성한 나라가 됐지만, 정복 초기에는 분위기가 달랐다. 한족이 청나라에 잘 굴복하지 않아 많은 고생을 해야만 했다. 따라서 청나라 황제들은 독한 강압정치를 해야만 겨우 한족을 다스릴 수 있었다.

그런데 청나라의 제4대 황제 강희제(康熙帝)에 이르러 새로운 변화가 모색됐다. 골치 아픈 한족을 대하는 방법으로 강압정치를 포기하고 포용정책을 실시한 것이었다. 실력 있는 한족 선비를 등용하기 위해 애썼으며 명나라 역사 편찬을 한족에게 맡기기도 했다. 사라져버린 명나라 역사를 승자 관점에서 가혹하게 기록하는 게 아니라 최대한 한족의 처지에서 우호적으로 기록할 수 있도록 배려한 것이다. 이러한 여러 포용정책으로 인해 한족은 드디어 청나라에 협조적일 수 있었고, 마음으로 하나 돼 유라시아 제국으로 뻗어 나갔다.

강희제는 300년에 가까운 청나라 역사에서 태평성대의 초석을 닦은 인물이 됐다. 당시 프랑스 선교사 조아킴 부베(Joachim Bouvet)는 그를 이렇게 표현했다.

'꿈속에서도 만나지 못할 위대한 인물.'

'천하를 통치한 황제 가운데 가장 명철한 군주.'

강희제는 자신의 국가 경영철학을 이렇게 말했다.

"힘으로 지키는 자는 홀로 영웅이 되고, 위엄으로 지키는 자는 한 나라를 지킬 수 있다. 하지만 덕으로 나라를 지키는 자는 천하를 세울 수 있다. 백성의 마음을 얻는 것이 정치의 최상이다."

강희제의 통치 철학, 국궁진력(鞠躬盡力).

'존경하는 마음으로 몸을 구부려 온 힘을 다한다.'라는 이 고사성어는 청나라를 대제국으로 만든 시발점이자 통치와 경영의 핵심이었다.

국궁진력은 마음으로 마음을 만나는 일이다. 즉, 인문학이라 할 수 있다. '나는 사장이니까.', '나는 너희들에게 월급을 주니까.' 이런 생각으로 사장 자신이 우위에 있다고 마음을 품으면 안 된다. 사장은 사람을 이해하고, 보살피고, 직원의 성장을 바라는 마음을 품어야 한다. 국궁진력 인문학은 사업 문제, 리더십 문제, 직원과 소비자의 문제를 해결하는 가장 중요한 원리다.

사업에 관한 20가지 질문에 동서양 사상가 40여 명이 답하다

지금은 그 어느 때보다 가혹한 기업 환경이 펼쳐지고 있다. 업종마다 호황과 불황은 갈릴 수 있겠지만, 현재 닥친 문제를 해결하고 미래를 준비해야 하는 일에서는 다를 바가 없다. 이 책은 사장들의 이러한 현재와 미래 문제에 조금이나마 보탬이 될 수 있는 동서양 인문학을 전달하는 것을 목표로 하고 있다.

사업을 하다 보면 여러 문제와 부닥친다. '어떤 직원의 월급을 올려줘야 할까?', '직원에게 '좋아요'와 '하트'를 날려도 될까?',

'퇴사하는 직원이 계속 생길 때, 문제는 어디에 있을까?', '어떻게 말해야 상대를 설득시킬 수 있을까?' 등. 이 책은 그러한 질문에 답하기 위해, '인재양성', '조직문화', '리더십', '지속가능한 회사' 4개의 주제로 구성했다. 그리고 현장에 있는 사장에게 고민이 될 법한 사업에 관련된 20가지 질문을 던지고, 동서양 사상가 40여 명과 인문학 고전 30여 권에서 현실적인 답과 실용적인 지혜를 찾는다.

도스토옙스키가 '지금까지 창조된 서적 중에 가장 위대한 책이다'라고 극찬한《돈키호테》에는 이런 말이 나온다.

"불가능한 것을 얻으려면 불가능한 일을 해야 한다."

무모하게 도전하는 돈키호테의 모습에 작가 세르반테스 Cervantes가 담고자 했던 것은 과거 영광에 매달려 현실을 외면하고 사치를 즐기며 무력감에 머물러 있던 봉건귀족의 게으름에 대한 질타였다.

오늘도 돈키호테처럼 불가능에 도전하는 우리 사장들의 모습에서는 게으름이란 찾아볼 수 없다. 비록 그 결과는 하늘과 신이 결정하는 것일지라도, 사장의 하루는 미래에 대한 열광으로 가득 차 있다. 여기에 가족에 대한 사랑, 그리고 삶을 성장으로 이끌고자 하는 소중한 마음이 담겨 있다.

세르반테스는 돈키호테의 말을 빌려 꿈꾸는 자가 얼마나 위대한 사람인지를 이렇게 말하고 있다.

"꿈꾸는 자와 꿈꾸지 않는 자, 도대체 누가 미친 거요?"

어쩌면 지금의 노력이 가까운 미래에 결실을 보지 못할 수도 있다. 그러나 최선을 다해 노력한 사장들은 훗날 자신의 삶을 돌아보며 '불가능을 꿈꿨다.'라며 자랑스러워할 수도 있을 것이며, '그래도 나는 한때 미치도록 노력해봤다.'라며 후회를 남기지 않을 수 있다.

오늘도 사느냐, 죽느냐를 두고 하루하루 결사 항전으로 살아가는 대한민국 모든 사장에게 진심으로 경의를 표한다. 그들의 악전고투에 필자의 책이 조금이라도 도움이 됐으면 하는 바람이다.

이 책을 통해 대한민국의 많은 사장이 '국궁진력'의 마인드를 가질 수 있기를 기대한다.

01

나라면
어떤 회사에
다니고 싶을까

❖ 인재양성

사장에게 가장 필요하지만, 가장 힘든 것이 '인재양성'이다. 매달 다가오는 월급을 맞추는 것도 녹록하지 않은데 인재까지 양성해야 한다니, 이중 부담을 떠안은 것 같은 느낌이 들기도 한다. 하지만 꼭 돈과 시간이 많이 들 필요는 없다. 교육이나 연수를 제공하는 게 인재양성의 전부가 아니다. 직원이 스스로 열심히 일에 몰입하면서 조직 안에서 성장의 보람을 찾는다면 그것으로 충분하다. 그 출발점은 '나라면 어떤 회사에 다니고 싶을까.'다

1
어떤 직원의 월급을
올려줘야 할까?

◀ 천하를 다스린 진문공, 유방, 환공의 인사평가 원칙 ▶

"도대체 인재란 어떤 사람을 말하는 것입니까?"

오랫동안 사업을 한 사장들에게 물어봐도 그 대답은 천차만
별이다. 어떤 이는 '회사를 위해 열심히 일하는 사람'이라며 일
반론에 가까운 답을 한다. 어떤 이는 '회사 수익을 창출해주는
사람'이라며 다소 계산적인 답을 내놓기도 한다. 회사 업력과 업
종도 다르고, 사장의 성격과 직원을 고르는 기준도 다르다. 그래
서 인재관도 제각각일 수밖에 없다.

사장이라면 '누가 진짜 인재인가?'에 관한 답만큼은 반드시
가지고 사업을 해야 한다. 인재가 있어야 회사가 발전할 수 있
기 때문인데, 막상 회사를 운영하며 제일 다루기 어려운 게 사람

관리다. 그렇다면 사장은 직원을 어떻게 대해야 하고, 또 어떻게 인재를 판별할 수 있을까?

발에 땀 나게 일한 호숙(壺叔)의 인센티브

사장 입장에서 직원은 '나를 대신해서 일하는 사람'이다. 사장이 사무실과 집기와 사업 아이템을 만들어 놓으면, 직원은 회사를 위해 손과 발에 땀 나게 뛰어다니는 사람 정도로 여긴다. 그리고 그렇게 만들어 놓은 성과 일부를 월급으로 가져간다고 생각한다. 이런 인식을 가진 사장에게는 열심히 노력하는 직원이 '인재'이고, 회사에 더 많은 돈을 벌어다 주면 직원은 '더 좋은 인재'가 된다.

그러나 현실은 다를 수 있다. 사장이 봤을 때, 높은 성과를 낸 직원은 능력 100퍼센트 발휘하는 듯하다. 그러나 정작 그 직원은 능력 50~60퍼센트 정도 쓰면서 적당하게 일하고 있을 수도 있다. 사장은 '이 직원은 자기 월급의 3배는 버니까 충분해.'라고 생각했는데, 정작 그 직원은 자기 월급의 5배까지 벌 수 있으면서도 적당히 3배만 벌고 있다는 말이다. 만약 그런 직원이 회사에 실제로 있다면, 그 직원은 '인재의 탈을 쓴 평범한 직원'에 불과하다.

직원은 언제든 회사를 떠날 수 있는 사람이다. 사장에게 오늘

아침도 밝게 인사한 직원의 책상 안에는 이미 사직서가 들어 있을 수도 있다.

따라서 우리는 인재를 '일 잘하는 사람', '돈을 많이 벌어다 주는 사람'으로 해석해서는 안 된다. 그런 생각은 단지 눈에 보이는 것으로만 판단하는 허약한 인재의 기준일 뿐이다.

무려 19년이라는 오랜 세월 쫓겨 다니며 방랑하다 다시 진나라로 돌아와 24대 군주에 오른 진문공(晉文公) 중이(重耳). 그는 인덕과 능력으로 수많은 사람의 찬사를 얻었다. 이후 진나라는 춘추시대 5대 강국을 일컫는 춘추오패(春秋五覇) 일원으로 등극했다.

그가 반란을 진압한 후 국정이 어느 정도 안정됐을 때였다. 부하를 모아 공을 따져 상을 내렸다. 논공행상이 끝나자 호숙(壺叔)이라는 자 얼굴이 붉으락푸르락했다. 호숙은 19년 방랑 생활 내내 진문공을 따라다니며 수발을 들고, 수레와 말을 몰았으며, 발꿈치가 갈라지는 고통도 감수했다. 그는 자신이야말로 공을 인정받아 1등급 상을 받을 것이라 예상했다. 그러나 막상 그가 받아든 성적표는 초라했다. 제일 낮은 4등급이었다. 호숙은 억울해 감정을 담아 질문을 던졌다.

"제게 무슨 죄가 있습니까?"

공에 대한 정당한 평가를 바라는 사람이 '죄'를 논하니, 분명 감정이 들어간 말이 틀림없었다. 이에 진문공이 답했다.

"인의(仁義)로서 나를 인도해 내 마음을 넓게 열어준 사람들에게 가장 높은 상을 줬다. 훌륭한 계책을 낸 사람에게 그다음 상을 줬다. 화살을 무릅쓰고 칼날을 막으며 나를 보호한 사람에게 그다음 상을 줬다. 나를 위해 분주하게 발품만 판 자는 필부의 힘만 바친 사람으로 그다음에 속한다."

진문공의 말에 따르면 호숙은 손발만 바빴던 '필부의 힘'만 쓴 자였다. 그렇다면 1등급 상을 받은 '인의(仁義)로서 나를 인도해 내 마음을 넓게 열어준 사람'이란 무엇을 의미하는 것일까?

인의란 곧 어진 것과 의로운 것으로 해석된다. 이는 곧 군주가 나라를 다스리는 원칙이며 최종 목표다. 이를 기업경영 버전으로 바꿔 본다면 그것은 곧 '회사가 지향하는 가치와 비전'이 된다. 이 역시 사장이 회사를 이끌어가는 원칙이며 최종 목표이기 때문이다.

진문공은 이렇게 자신과 가치와 비전을 함께하고, 그것으로 자신의 마음을 더욱 확장하고 발전하게 한 사람에게 1등급 상을 내렸다. 그리고 이런 사람들이야말로 진정한 인재라고 인정한 셈이다.

만약 어떤 직원들이 사장과 같은 비전을 공유하고, 회사가 이뤄야 할 가치에 진심으로 동의하고 있다면, 그 직원들의 말과 행동은 '일 잘하는 직원', '돈 많이 벌어주는 직원'과는 다른 차원으로 진입하게 된다.

그들은 누군가 요구하지 않아도 사장 마인드로 생각하고, 스스로 사장의 방법으로 회사를 관리한다. '비전과 가치'라는 말이 좀 어렵게 느껴진다면, 그냥 '의기투합'이라고 봐도 무방하다. 마음으로부터 솟아나는 깊은 동의와 '같은 목표'에 대한 열정. 이것이 진정한 인재 조건이라고 볼 수 있다. 이러한 용맹하고 진정성 있는 인재는 평범한 직원의 힘으로는 범접할 수 없는 더 특화된 능력을 발휘할 수 있다. 그들은 단지 직원의 레벨이 아니라 동반자요, 파트너 관계가 될 수 있기 때문이다.

회사의 비전과 가치를 공유하고 있는 직원은 능력 100퍼센트 안팎으로 일하는 것처럼 보여도 사실 능력 200퍼센트, 300퍼센트를 발휘하기 위해 노력하고 있다. '이 직원은 자기 월급의 3배는 버니까 충분해.'라고 생각했던 직원이 사실 자기 월급 5배를 벌기 위해 노력하고 있다는 말이다. 그들은 평범한 인재가 아니다. 백조처럼 화려한데도 스스로 오리로 낮춰 생각하며, 더 높은 성장을 원하고 이윽고 정상을 향해 화려하게 날아오를 존재다.

천하 통일한 유방(劉邦)의 역할은 플랫폼

사장이 인재를 위해 해야 할 일은 그들에게 업무를 지시하거나 월급을 주는 일만이 아니다. 그것은 외형적으로 드러나는 모습일 뿐, 진짜 인재를 키우기 위해 사장이 해야 할 일은 바로 '플랫폼' 역할이다.

항우(項羽)와 피튀기는 전쟁을 5년간 하면서 결국 천하 패권을 움켜잡은 유방(劉邦). 그는 황제로 즉위한 다음 날 호쾌한 술자리를 열어 승리를 자축하던 중에 부하들에게 이런 질문을 던졌다.

"삼베옷에 달랑 칼 한 자루 들었던 내가 천하를 얻은 까닭을 아는가?"

누구나 예상할 수 있듯, 이런 자리에서는 가히 황제 유방의 위대함을 언급해야 할 것만 같다. 아니나 다를까. 같은 고향 출신으로 유방을 오랫동안 보아왔던 왕릉(王陵)이라는 자가 이렇게 주절대기 시작했다.

"폐하는 성을 점령하면 그곳을 사람들에게 나눠 주며 천하와 함께 이익을 나누는 어진 성품을 지니셨고….'

유방은 그 말을 다 들은 후 "하나는 알고 둘은 모르는구나!" 하면 거론한 게 삼불여(三不如)다. 곧 '나는 세 사람보다 못하다.'라는 의미다.

"계략을 짜는 일에 있어 나는 내 부하인 장량(張良)만 못하고, 백성을 달래고 식량을 공급하는 데에서는 소하(蕭何)만도 못하다. 적군과 싸우는 능력은 한신(韓信)만도 못하다. 나는 이 세 사람보다 못하다."

이 이야기는 '부하들이 뛰어나야 군주가 승리할 수 있다.'거나 '애초에 뛰어난 인재를 뽑아야 한다.'라는 교훈을 준다. 그런데 이 이야기에서 더 주목해야 할 부분이 있다. 유방이 부하들이 능력을 최대한 발휘할 수 있는 플랫폼 역할을 했다는 점이다.

유방은 권력을 분산해 부하들이 자신의 능력을 발휘할 때 방해를 받지 않도록 했고, 그들이 낸 계책을 검열해 좌지우지하지 않았다. 덕분에 부하들은 주인의식을 가지고 전투에 임했다.

사장이 플랫폼 역할을 해야 하는 이유는 바로 여기에 있다. 직원을 감시하고, 명령하고, 자신의 기준으로 판단할 때에 직원은 사장이라는 플랫폼에서 능력을 발휘하는 것이 아니라, 그 플랫폼에 아예 깃혀 버려 수동적인 존재가 된다.

아무리 사장과 가치와 비전을 공유하는 인재라고 해도 결국 근본적인 한계에 부딪히며 성장 열정을 잃어버리게 된다. 삼불여(三不如)는 사장이 직원의 열정과 성장을 뒷받침해주겠다는 근본적인 태도를 의미한다.

환공(桓公)이 구구단만 외는 노인을 뽑은 까닭

근원적인 질문으로 돌아가 보자. 그렇다면 인재를 어떻게 알아보고, 어떻게 뽑아야 할까. 우선 인재에 대해 지나치게 높은 기준을 갖는 것을 경계해야 한다.

정료지광(庭燎之光). 뜨락에 밝혀 놓은 불빛이라는 의미다. 춘추시대를 풍미했던 제나라의 왕이었던 환공(桓公)은 널리 인재를 모으기 위해 자신의 집무실 뜨락을 환하게 밝혀 놓았다.

24시간 누구라도 올 수 있다는 광고판이었던 셈이다. 처음에는 인재가 구름처럼 몰렸지만, 시간이 흐를수록 점점 줄어들었고 어느 순간 뚝 끊기고 말았다. 그 이유를 알 수 없었던 환공은 실의에 잠겼다. 그때 한 노인이 자신이 인재랍시고 환공을 찾아왔다. 환공이 물었다.

"그대에게는 어떤 재주가 있는지요?"

노인이 답했다.

"저는 구구단을 잘 외웁니다."

누가 들어도 어이없는 말이었다. 그때 노인이 말을 이었다.

"지금 환공에게 더는 인재가 찾아오지 않는 것은 너무 잘난 인재를 기용했기 때문이고, 그 기준이 높기 때문입니다. 그래서 사람들이 겁을 먹어 찾아오질 않는 것이지요. 만약 구구단밖에 못 하는 이 늙은이를 기용한다면, 훨씬 더 많은 인재가 찾아올 것입니다."

이에 환공은 깨달은 바가 있었고, 이후 다시 인재를 순조롭게 모집할 수 있었다.

인재 기준을 너무 높게 잡으면 선발에 어려움이 있다. 인재 기준을 높게 잡는다는 것은 '완성된 인재'만을 생각하고 있기 때문이다. 하지만 그러한 완성된 인재란 애초에 없다. 회사에 입사한 후 다양한 경험을 통해 최적화하는 과정을 거치면서 인재로 성장하게 된다.

인재 기준에 관한 마이크로소프트가 내세우는 심플한 기준이 도움이 될 수 있다. 마이크로소프트사 입사 과정은 매우 복잡하고 까다로운 기준이 적용된다. 그런데 최종적인 기준은 매우 심플하다.

'빌 게이츠Bill Gates와 가장 비슷한 사람.'

이것은 성격, 스타일, 성향이 비슷하다는 것을 말한다. 가치와 비전이 통하고, 진정한 의기투합이 이루어지기 위해서는 서로 비슷해야 한다. 그래야 생각이 비슷하고 행동방식도 크게 다르지 않기 때문이다.

물론 큰 회사에서는 다양한 성향의 인재가 필요하다. 그 다양성이 회사의 동력이 될 수 있다. 하지만 그렇게 되기 전까지는 회사는 단단하게 하나로 뭉쳐 발길을 내딛는 상태가 돼야 한다. 따라서 사장과 조직문화에 잘 동화되고 융합할 수 있는 사람이 회사에서 성장할 수 있는 최소한 기본 조건을 갖춘 사람이라고 할 수 있다.

인재 문제. 쉽게 생각하면 쉽고, 어렵게 생각하면 한없이 어려운 문제다. 하지만 '가치와 비전의 통일, 사장이라는 플랫폼의

역할, 하나가 될 수 있는 성향'만 잘 기억하면, 인재에 관한 많은
문제를 풀어낼 수 있다.

◆──── **사장을 위한 인문학** ────◆

일 많이 하고 돈 많이 벌어주는 직원이 최고라는 식으로 직원을
평가하지 말고, 회사의 비전과 가치를 함께하는 직원을 중용하
자. 환공처럼 직원을 뽑는 기준을 낮추는 대신 회사에 어울리는
인재를 양성하고 유방처럼 사장 스스로가 플랫폼 역할을 하며
적재적소에 인재를 배치한다면 회사는 성장한다.

2

인성 좋은 사람을 뽑아야 할까?
실력 좋은 사람을 뽑아야 할까?

《삼국지》와《서경》 그리고 자사(子思)의 경우

인재채용에 있어서 사장의 가장 큰 딜레마 중 하나는 '실력을 먼저 볼 것인가, 인성을 먼저 볼 것인가'다. 어떤 사장은 "회사에서 실력을 키울 수는 있지만, 인성은 바꿀 수 없다."라고 확신에 차서 말한다. 반면 어떤 사장은 "인성만 좋아봤자 실력이 없으면 회사에 도움이 되지 않는다."라고 말한다.

인성만 좋은 사람이 회사에서 승진해서 팀장이 된다고 생각하면 좀 더 앞이 캄캄하다. 부하들이 실력 없는 상사를 무시하는 사태가 발생하면 사장 입장에서도 보통 난감한 게 아니기 때문이다. 물론 여기에서 '둘 다 좋으면 안 되나?'라고 생각하거나, 혹은 '그 어디 중간쯤의 사람은 없나?'라는 막연하게 상상하기

도 한다. 하지만 그런 사람이 많아 문제가 쉽게 해결된다면 수천
년 동안 수많은 군주와 사장들이 이것으로 고민할 필요조차 없
었을 것이다. 그런데 고전은 우리에게 어느 한쪽을 선택하라고
말하지 않고 '회사 상황과 리더 능력'이라는 기준을 제시한다.

조조와 목공의 서로 다른 직원 채용 기준

고전에서 가장 무차별적으로 인재를 싹쓸이하려고 했던 인물을
꼽으라면 단연 《삼국지》의 조조(曹肇)다. 그는 인재를 널리 구한
다는 〈구현령(九賢令)〉을 발표했다.

 '사람을 쓰는 데 있어서 행실이 바른 자만을 쓴다면 제 환공이
어찌 천하를 재패했겠는가! (…) 오직 재능만 있다면 천거하라.
내가 등용하여 쓸 것이다.'

 이후에도 조조는 계속해서 인재 싹쓸이에 나섰고 심지어 연
이은 〈구현령〉에서는 반시대적인 용어까지 등장했다.

 '비록 비천하거나 심지어 불인불효(不仁不孝)하더라도 치국
용병의 실력만 있으면 모두 추천하라.'

 불인불효. 이 말은 요즘 시대도 그렇지만 당시에도 매우 파격
적이었다. 인자하지 못한 사람, 심지어 부모에게 나쁜 행실을 행
하는 사람마저 추천하라고 했다. 자본주의 시선으로 바꾸면 '무
슨 짓을 하더라도 돈만 많이 벌면 된다.'라는 것과 다르지 않다.

조조의 관점을 오늘날 직원 채용 관점에 적용한 것이 '인성보다
는 실력이 중요하다.'라는 말이다. 회사 성장을 간절하게 바라는
사장 입장에서는 일단 고고한 인성보다 자신에게 돈을 벌어다
주는 실력 있는 자를 원하기 마련이다.

이와 정반대 논리도 당연히 존재한다. 아무리 실력이 뛰어나
도 인성이 제대로 형성돼 있지 않으면 오히려 문제를 일으킬 수
있다는 것이다. 《서경(書經)》의 진서(秦誓)편에는 천하의 패자가
되고 싶은 욕망 때문에 많은 병사와 장수를 잃고 말았던 진나라
목공의 고백이 담겨 있다.

'꿋꿋이 자신에게 맡겨진 일만 성실하게 하고 정말 다른 재주
와 능력이 없는 어떤 신하가 있다고 하자. 그렇더라도 나는 그
가 남의 재주와 능력을 시샘하거나 질투하지 않는 너그러운 마
음을 가지고 있다면 반드시 그를 중용하겠다. 다른 사람의 재주
와 능력을 자신의 재주와 능력처럼 받아들이고, 다른 사람의 뛰
어나고 어진 덕을 진심으로 기뻐하며 칭찬하는 사람이라면 기
꺼이 중용하겠다. 그런 사람이라면 반드시 우리 진(秦)나라의 자
손과 백성을 지켜주고 또한 이롭게 하기 때문이다. 그러나 아무
리 뛰어난 재주와 능력을 갖춘 자라도 다른 사람의 재주와 능력
을 시기하고 미워하며 다른 사람의 뛰어나고 어진 덕을 가려 빛
을 보지 못하게 하는 자라면, 나는 결코 그를 조정에 받아들이지
않겠다. 그런 사람은 우리 진(秦)나라의 자손과 백성을 지켜주지

못할 뿐 아니라 반드시 위태롭게 할 것이기 때문이다. 나라와 백성의 불안과 멸망은 이른바 한 사람에게서 나오며 또한 나라와 백성의 번영과 화평도 반드시 한 사람에게서 나온다.'

실력이 먼저냐 인성이 먼저냐는 이 팽팽한 양자 논리 안에서 하나만을 골라 선택하기는 쉽지 않은 일이다. 이러한 말을 한 사람 모두가 천하쟁패 시기에 목숨 걸고 싸웠던 인물이고, 또한 그만큼 현장에서 얻은 통찰력을 무시할 수는 없기 때문이다.

자사(子思)의 프레임 바꾸기

이러한 양자 논리에서 지혜로운 길을 찾아가는 방법이 있다. 그것은 바로 '리더의 능력'과 '회사의 상황'이라는 두 가지 틀이다. 이 두 가지의 틀로 상황을 다시 보면 문제 해결 방법이 보인다.

우선 회사의 상황이라는 것부터 보자. 삼국시대 동오의 정치가이자 당태종 신하인 위정(衛旌)은 이런 간언을 한 적이 있다.

"천하가 평정되지 않았다면 오로지 그 재주를 취할 뿐, 행실을 고려하지 않습니다. 그러나 이제 천하 대란을 없애고 평정했기에 재주와 행실을 둘 다 갖추지 않으면 등용할 수 없습니다."

위정의 말에서 주목할 부분은 '이제는 행실을 갖춰야 한다.'이다. 창업 초창기 때에는 발전과 성공적인 안착이 우선이다. 직원의 행실(인성)까지 따질 겨를이 없다. 당장 한 달 한 달 월급을 주고 사업을 궤도에 올려야 하는 사장에게 '인성을 따져야 하지 않겠냐.'라는 말은 배부른 소리일 수가 있다.

따라서 위정의 구분처럼 초창기에는 인성보다는 실력을 위주로 사람을 채용하지만, 어느 순간부터는 인성을 기준으로 직원을 뽑는 게 현명한 방법일 수가 있다. '창업의 시기에는 실력을, 어느 정도 안정된 이후부터는 인성까지'라는 게 결론이다.

회사가 힘을 받아 가속하기 위해서는 안정감이 있어야 한다. 따라서 서로 존중하고 지나치게 자신을 내세우지 않는 인성을 가진 인재가 회사에 큰 공을 세울 수 있다. 직원끼리 싸우고, 퇴사하는 직원이 많아지면 지금까지 쌓은 성과마저 무너질 수 있기 때문이다.

두 번째로 '리더의 능력'이라는 부분을 보자. 《자치통감》에서 자사(子思)가 위나라 문후에게 했던 말에서 의미심장한 대목을 찾을 수 있다.

"무릇 훌륭한 군주가 사람을 관직에 임명하는 것은 마치 목수가 나무를 쓰는 것과 같아서 좋은 부분은 취하고 나쁜 부분은 버립니다. 그래서 아름드리 버드나무와 가래나무에 몇 자 정도 썩은 부분이 있다 할지라도 훌륭한 목수는 버리지 않을 것입니다."

자사의 관점은 '그가 실력이 좋은 사람이냐, 인성이 좋은 사람이냐'이라는 프레임을 '리더가 누구인가?'로 바꿔 버렸다. '누구는 쓰던 결국에는 사장이 할 따름이다.'라는 이야기다.

당 태종(太宗)은 나라의 관리들이 뇌물 받는 일이 자주 일어나자 이를 일벌백계하려고 일부러 여러 고위급 신하들에게 뇌물을 보냈고, 그것을 받는지 받지 않는지를 확인했다. 그러다 비단 한 필을 받은 관리가 딱 걸리게 됐다. 이때 태종이 그를 처형해서 타의 모범으로 삼으려고 했다. 그때 강력하게 반대를 하고 나타난 사람이 배구(裴矩)였다. 배구가 어떤 사람인지는 나중에 살펴보고 그가 했던 말만 놓고 그의 심성을 평가해보자.

"관리가 뇌물을 받았다면 그 죄는 사형에 처해야 마땅합니다. 하지만 이 사건은 폐하가 사람을 시켜 속임수를 써서 뇌물을 받게 만들었습니다. 이것은 사람을 법망에 걸리게 만드는 조작입니다. 이는 '덕으로 이끌고 예로 다스린다'는 《논어》의 정신에 어긋납니다."

이 말은 들은 태종은 감동했다. 다른 신하를 불러 '배구만큼만 정정당당하게 간언을 한다면 천하가 잘 다스려질 것이다.'라고 흡족해했다. 그렇다면 배구는 매우 탁월한 충신이었을까. 안타깝게도 배구는 그런 인물은 아니었다. 그는 '처세의 달인'이었다. 그는 무려 4개의 왕조에서 7명의 군주를 모셨던 인물이었다. '길고 가늘게' 살아남은 인물이었다. 때로 그에게 '간신'이라는 딱지가 붙였던 것도 그런 이유에서였다.

때로 간신의 행보를 보였던 배구가 그토록 충신의 모습으로 변할 수 있었던 것은 다름 아닌 직언을 좋아하는 태종의 스타일 때문이었다. 이 말은 곧 부하의 태도와 행동은 리더의 모습에 따라서 얼마든지 바뀐다는 의미다.

직원은 사장이 제시하는 큰 방향성과 가치 지향에 끌려가게 마련이다. 사장이 흔들리지 않는 모습으로 이끌어 나간다면, 배구라는 간신도 충신이 될 수 있듯, 저질 인성을 가진 직원도 좀 더 선량하게 변할 수가 있다.

이제 우리는 실력이 먼저냐 인성이 먼저냐는 단편적인 질문에서 벗어날 수 있다. 사실은 둘 다 중요하고, 배제할 수 없는 요소들이다. 먼저 현재 운영하는 회사 상황을 생각해보자. 창업 초기인가 아니면 안정적인 궤도에 올라간 후인가. 그다음에 되돌이보지. 인성이 좋지 않은 직원도 변하게 할 자신이 있는가.

◆── **사장을 위한 인문학** ──◆

조조는 비천하고 인자하지 못하고 불효한 사람도 실력만 있다면 부하로 채용했다. 목공은 아무리 실력 있는 자라도 덕이 없다면 중용하지 않았다. 당태종 신하 위정은 천하가 불안할 때는 실력으로 안정됐을 때는 덕으로 사람 뽑을 것을 권했다. 무엇보다 중요한 게 있다. 인성이 좋지 않은 실력 있는 직원을, 인성은 좋지만 실력이 없는 직원을 변하게 할 자세가 돼 있는가.

3
직원에게 '좋아요'와
'하트'를 날려도 될까?

◀ 왕이 바닷새를 궁으로 들여와 깨달은 것, 이청득심(以聽得心) ▶

세상에서 가장 힘든 일은 무엇일까? 누구나 다른 답을 갖고 있다. 저마다 살아온 날이 다르고, 힘듦의 강도도 다르기 때문이다. 생텍쥐페리는 이 질문에 대해, 세계적인 베스트셀러 《어린 왕자》의 주인공 입을 빌려 이렇게 이야기한다.

"세상에서 가장 어려운 일은 사람이 사람의 마음을 얻는 것이지. (…) 내가 좋아하는 사람이 나를 좋아해 주는 게 바로 기적이야."

사장이라면 이 말을 뼛속 깊이 각인해야 할 필요가 있다. 엄청난 매출을 올려주는 이도 직원이요, 법인통장을 텅 비게 만드는 이도 결국 직원이기 때문이다.

만약 사장이 직원의 마음을 얻을 수 있다면, 그래서 서로 좋아할 수만 있다면 기적처럼 회사 매출도 상승할 수 있다. 진정한 인재양성은 서로 마음에 들어 하는 사장과 직원의 관계에서 완성된다. 그러면 직원은 일하면서 성장하고, 동시에 회사에 큰 기여를 할 수 있다.

오늘도 출근한 어리석은 노나라의 왕에게

삼성가(家)에 내려오는 성공 DNA 중 하나는 '경청'이다. 남의 말을 주의 깊게 잘 들어서 그중에서 좋은 의견을 택해야 한다는 것이다. 그런데 경청을 '여러 의견 중 좋은 의견을 택하기 위해서'라는 것으로만 해석해서는 안 된다. 타인의 이야기가 내 목적 달성을 위한 하나의 수단으로 전락하기 때문이다.

경청을 온전히 있는 그대로 받아들이게 되면 또 하나의 놀라운 능력을 발휘하게 된다. 그 능력이란 상대방 마음을 사로잡는 힘이다. 생텍쥐페리가 말한 '세상에서 가장 어려운 일'을 우리는 단순히 '듣는 것'만으로도 쟁취할 수가 있게 된다는 이야기다.

중국 노나라의 왕은 어느 날 자신이 너무도 좋아하는 바닷새 한 마리를 궁으로 들여왔다. 좋은 향을 풍기는 술과 보는 것만으로도 입맛이 다셔지는 육해진미를 권했다. 그리고 풍악을 울려

무희가 아름다운 춤을 선보이도록 했다. 하지만 바닷새는 어리둥절할 뿐이었다. 궁에 잡힌 제 처지를 슬퍼하며 아무것도 먹지 않고 사흘 만에 굶어 죽어버렸다.

이 이야기는 타인의 말을 듣거나, 그들의 눈높이를 맞추지 않고 자기 방식대로만 이해하는 일의 어리석음을 꾸짖고 있다. 이 이야기는 《논어》에서 나온 것으로, 이청득심(以聽得心)의 교훈을 준다. 즉, '귀 기울여서 마음을 얻는다'는 의미다. 어리석은 노나라 왕은 바닷새의 의견을 듣지도, 마음을 알려고 하지도 않았다. 그 행위는 결국 바닷새를 죽음으로 몰아가고 말았다.

이런 이야기를 들으면 누구라도 '바닷새에게 육해진미에 풍악이라니, 참 멍청한 노나라 왕이군!'이라고 생각할 것이다. 그러나 이런 노나라 왕 같은 분들이 꽤 많다. 그들은 오늘도 사무실에 출근해 '사장', '대표'라는 이름으로 또 다른 바닷새인 수많은 직원들을 대하고 있다.

"김 부장, 이번 주말에 등산 좋지 않아?"

"이 차장, 이 회사를 내 회사라고 생각하면서 일을 해야지!"

등산을 싫어하는 김 부장과 내 회사도 아닌데 자꾸 내 회사라고 강요당하는 이 차장은 결국 산해진미와 풍악을 강요받는 불쌍한 바닷새 처지와 크게 다르지 않다. 일찍이 이러한 문제를 내다본 삼성가의 경영자들이 그래서 '경청'을 중요하게 생각했을지도 모른다.

우리가 이 경청의 문제를 제대로 이해하고 현실에서 적용하기 위해서는 경청의 현실적인 작동 원리를 알아야만 한다. 이를 위해서 먼저 '왜 들어야 할까?=상대의 마음을 얻기 위해' 이 공식을 확인하고 있어야 한다.

듣는 행위 자체로 어떻게 상대방 마음을 얻을 수 있는지 선뜻 이해하기 어려울 수 있다. 그러나 '경청'에는 인간이 스스로 인간성을 성숙해나가는 매우 중요한 원리가 숨어 있다. 그 원리는 인간의 가장 원초적이고 근본적인 본능에 관한 이야기, 즉 '감정의 공유'에 관한 이야기다.

회사에 불만 토로하고 시스템을 바꾸려는 직원은 5퍼센트

인간은 아기일 때부터 감정의 공유, 즉 공감 능력을 통해서 자라난다. 공감은 단순하게 우리에게 주어진 능력의 하나가 아닌, 생존 차원에서 매우 중요한 능력이다.

부모의 감정을 공감하고, 자신의 감정을 전달하면서 유년기를 보낸다. 좀 더 자라서는 공감을 통해 또래 집단에 진입하게 된다. 사회에서 일할 때도 공감 능력을 토대로 고객을 이해하고, 시장에 참가하는 사람들의 심리를 깨닫게 된다. 따라서 공감은 인간이 스스로 성장해가는 데 필요한 매우 강렬한 능력이며 욕구다.

철학자 헤겔Hegel은 이런 말을 남겼다.

'사람의 인생은 타자에게 인정받기 위한 인정 투쟁recognition struggle이다.'

헤겔이 말한 인정 투쟁도 결국 누군가에게 자신을 공감시키기 위한 욕구에서 생겨난 것이다.

이 욕구에서 경청의 힘이 발휘된다. B가 A의 말을 열심히 듣는 행위를 하게 되면 A는 자신의 감정과 생각이 공유되는 듯한 느낌을 받게 된다. 그리고 그것을 통해 스스로 인간적 능력이 확장됐다고 여기게 된다. 즉, 인정 투쟁에서 큰 성과를 거뒀다고 생각한다.

그래서 결국 A는 자신의 마음을 열어 B를 받아들이고, A 자신의 마음도 상대방에게 주기도 한다. 만약 이런 행위가 양방향에서 일어나게 되면, 생텍쥐페리가 말한 '기적' 상태가 된다. 이러한 원리가 적용된 소셜네트워크 기능이 페이스북의 '좋아요'와 인스타그램의 '하트'다. 내 생각, 내 모습, 내 바람을 SNS에 올렸을 때 누군가 '좋아요'와 '하트'를 눌러주면, 자신의 마음이 공감됐다는 쾌감 혹은 성취감을 받게 된다. 그렇다고 직원의 SNS에 접속할 생각은 하지 말자. 더 근사한 방법이 있다.

직장에서 경청은 직원의 마음을 사로잡을 수 있는 확실한 방법이다. 사장이 최선을 다해 부하의 말을 경청해준다는 것은 곧

SNS도 통하지 않은 채 그 부하의 마음에 직격으로 '좋아요'와 '하트'를 날려주는 것이라고 할 수 있다.

이러한 과정을 여러 번 거치게 되면 이제 부하는 사장에게 마음을 열고 때론 거칠고 때론 풍족한 길을 함께 갈 수가 있게 된다. 이토록 순조로워 보이는 이 과정도 두 가지 큰 장애물을 가지고 있다.

첫 번째 장애물은 직원이 먼저 사장에게 말을 잘 하지 않는다는 점이다. 마케팅 관점에서 보자. 고객은 자신이 특정 회사 제품이나 서비스에서 불편함을 느낀다고 하더라도 그것에 대해 열렬하게 토로하는 사람은 5퍼센트에 불과하다. 나머지 95퍼센트는 그냥 그것을 참고 다른 회사로 갈아탈 준비를 하게 된다.

회사에 이런 통계를 적용하면, 회사에 불만을 토로하고 적극적으로 시스템을 바꾸려는 직원은 5퍼센트에 불과하다. 나머지 95퍼센트는 조용히 퇴사 이후에 지원할 회사를 검색하고 있거나, 어쩌면 이미 입사 지원 서류를 냈을지도 모를 일이다.

두 번째 장애물은 경청하는 행위 자체가 무척 어렵다는 점이다. 사람과 사람의 대화는 단순히 입에서 발설된 음파가 상대방 귀의 달팽이관을 자극하는 일이 아니다.

이 대화 과정에는 자신을 드러내고 싶은 욕구, 변명하고 싶은 욕구, 불편한 감정을 표현하고 싶은 욕구가 내재해 있다. 그리고 때로 상대방을 유혹하거나 자신 의도대로 이끌어 가고 싶어 하는 도전적 의지가 숨어 있다.

이러한 오묘한 숨김과 드러냄, 유혹의 과정에서 자신이 하는 말이 줄어들게 되면 왠지 손해 보는 듯한 느낌이 들게 된다. 그래서 사람들은 대체로 상대방보다 더 많은 말을 해서, 대화 과정을 자신에게 유리한 쪽으로 이끌고 가고 싶어 한다.

'더 많은 좋은 의견을 들을 수 있고, 그것으로 좋은 선택을 할 수 있다'는 경청. 그 이루 말할 수 없는 매력에도 불구하고, 단지 듣는 행위를 실천하지 못하는 이유가 여기에 있다. 내가 말을 안하면 손해 보는 듯한 느낌 그리고 그것에서 생기는 불안과 두려움 때문이다.

교만하거나 너무 민감하게 반응하지 않는가?

《장자》의 외편인 '달생(達生)'에는 목계지덕(木鷄之德)에 관한 이야기가 나온다.

닭싸움을 즐겨 했던 한 왕이 있었다. 왕은 한 사육사에게 "최고의 싸움닭을 구해서 최고의 훈련을 시켜라."라고 명했다. 열흘 후에 사육사에게 찾아가 "이제는 닭이 싸우기에 충분한가?"라고 물었다. 그러자 사육사가 대답했다.

"아닙니다. 아직 멀었습니다. 닭이 강하기는 하지만, 지나치게 교만해져 있는 상태입니다."

이후 열흘 단위로 왕은 계속해서 "싸우기에 충분한가?"라고 물었다. 그때마다 사육사 반응은 엇비슷했다.

"아직 멀었습니다. 교만함은 사라졌는데, 상대방의 소리와 그림자에 너무 민감하게 반응합니다."

"아직 멀었습니다. 이제 조급하지는 않는데, 상대방을 노려보는 눈초리가 너무 공격적입니다."

다시 열흘이 지난 날, 드디어 사육사가 긍정적으로 대꾸했다.

"네, 이제 됐습니다. 이제 상대방이 어떤 소리를 질러도 반응하지 않고 완전한 마음의 평정을 찾았습니다. 마치 나무로 만든 목계(木鷄)가 됐습니다. 이제 어떤 싸움닭이 와서 그 모습만 봐도 감히 넘비지 못할 것입니다."

타인의 말은 듣는 순간 우리 마음은 요동친다. 교만한 마음에 상대 말을 은연중에 무시하고, 사소한 말에도 흥분하고 기분 나쁜 말이 나온다 싶으면 날카롭게 노려본다. 아직 목계가 되지 못한 초보 싸움닭 상태라는 이야기다.

경청인(人)의 자세로 상대 마음을 얻어내기 위해서는 요동치는 마음과 마음의 뒤척임을 평정하는 목계의 상태가 돼야 한다. 이는 매우 전략적인 노력으로 달성되는 단계다.

그리고 자신의 감정을 제어할 힘이 있어야만 가능한 일이기도 하다. 말이 많은 사람들이 대체로 남의 말에 잘 휘둘리는 것은 바로 이러한 요동과 뒤척임에 스스로 함몰되는 경향이 강하기 때문이다.

세상에서 가장 힘든 일인 사람 마음을 얻는 일이 쉽게 달성될 리 없다. 회사 구성원의 마음에 '좋아요'와 '하트'를 직접 날려주는 일이 앱 속의 버튼을 누르는 일과 같을 리가 만무하다. 하지만 목계의 자태로 경청의 자세를 유지할 수 있다면, 사장은 직원의 마음을 얻는 기적을 이뤄낼 수가 있다.

마음의 주고받음은 회사를 단결하고 직원이 인재로 커나갈 수 있는 훌륭한 토대를 만든다.

◆── 사장을 위한 인문학 ──◆

철학자 헤겔(Hegel)은 이런 말을 남겼다. '사람의 인생은 타자에게 인정받기 위한 인정 투쟁recognition struggle이다.' 사람은 자신의 말을 누군가가 들어주는 것만으로도 자신이 인정받고 있다고 느낀다. 직원도 사장에게 인정받길 바라고 있다. 직원의 말을 충분히 들어주고 있는가? 직원의 마음을 얻어내기 뒤척이는 마음을 컨트롤하고 있는가?

회사 구성원이 화합하지 못할 때

많은 글로벌 기업에서는 내부경쟁이 매우 유용한 수단으로 활용된다. 구글과 애플 등도 치열한 내부경쟁으로 기업을 성장시키고 있다. 물론 내부경쟁은 연대와 협력의 힘을 빼앗아 집단 이기주의에 빠지게 하는 위험도 있다. 회사 성장 동력이 아닌, 오히려 정반대로 성과 창출의 장애가 될 수 있다는 말이다.

의미 없는 내부경쟁으로 타격을 입은 가장 내표적인 회사가 한때 일본 전자산업 대표주자였던 샤프다. 그들은 자부심을 가질 만큼 과도한 내부경쟁을 이어갔다. 하지만 산업 패러다임이 바뀌자, 샤프는 내부경쟁 폐해에 따라 시대 흐름에 적응하지 못하고 말았다.

직원들의 단결과 화합은 분명 좋은 조직운영 방법이다. 그렇지만 구글이나 애플의 예로 알 수 있듯이, 조직의 성장을 위해서 내부에서 경쟁하게 하는 방법을 완전히 배제할 수는 없다. 그렇다면 어떻게 해야 화합과 경쟁을 동시에 할 수 있을까.

내부경쟁은 '잘하면 좋은 것.' 그리고 '잘못하면 나쁜 것.' 이렇게 양면성을 가지고 있다. 이 둘을 가르는 결정적인 요인은 무엇일까? 여기에는 두 가지 요인이 작용한다. 그것은 '경쟁하는 동시에 화합할 수 있는가?'와 '사장이 평소 조직원에게 어떤 모습을 보이는가?'라는 점이다.

다음은《손자병법》에 나오는 이야기다.

'군대를 출동하지 못하는 세 가지 정황이 있다. 나라 안이 화합하지 못하면 출병할 수가 없다. 군대 안이 화합하지 못하면 출병하여 진을 칠 수 없다. 진영 내부가 화합하지 못하면 싸우지 못한다.'

이는 '화합'에 대한 이야기다. 조직은 외부에 있는 적을 맞닥뜨렸을 때, 모두가 '하나'가 되는 화합이 이뤄져야 한다. 무엇보다 '나라, 군대, 진영.' 즉 '회사, 조직, 팀.' 이 모든 구성원이 화합해야 한다. 그러므로 조직이 위기가 닥쳤을 때 화합하기 위해서, 경쟁을 시키더라도 서로를 죽고 죽여야 하는 경쟁이 아닌, 개개인이 발전하기 위한 건전한 경쟁 전략을 펼쳐야 한다. 이때 가장 중요한 게 직원에게 조직과 사장에 대한 믿음이 있어야 한다는 점이다.

직원 한 명이 내부경쟁에서 패배하더라도 너그럽게 받아들이고, 조직원 전체를 사랑하는 조직문화가 있다면 경쟁에서 화합으로 넘어가는 일을 그리 어렵지 않다. 사장은 그러한 문화를 만들어 가야 할 의무가 있다.

《삼략(三略)》에는 부하들에게 존경과 믿음을 받는 장수의 모습을 이렇게 그리고 있다.

"군대의 영채 안에 우물을 파는데 아직 물이 나오지 않았다면 장수는 목마르다는 말을 하지 말아야 하고, 병사들의 막사가 완성되지 않았다면 장수는 피로하다는 말을 하지 말아야 한다. 또 장수는 겨울에 털가죽 옷을 입지 말고, 여름에 부채를 손에 쥐지 않아야 하니, 이것을 일컬어 '장수의 예'라고 한다."

'사장의의 예'도 마찬가지다. 사장은 회사가 힘들다고 말하지 말아야 하고, 일하면서 피곤하다고 투덜대지 말아야 한다. 사무실에서 가장 좋은 자리를 직원에게 주는 건 어떨까? 직원의 공을 빼앗으려고도 하지 말자. '사장의 예'를 다하면 직원은 마땅히 회사와 사장에게 마음을 줄 것이다.

《육도(六韜)》에 나오는 초나라 장왕(莊王) 이야기다.

'초나라의 장왕은 술 한 병을 혼자 마시지 않고 강물에 부어 온 병사들과 함께 나누어 마심으로써 모든 장병을 감동하게 했다. 이렇게 하면 용감한 자는 한껏 싸우고 지혜로운 자는 마음껏 계략을 세울 수 있다.'

술 한 병을 강물에 부어 마신다고 한들 술맛이 날 리도 없고 취하지도 않는다. 그러나 생각해보자. 직원들이 사장에게 바라는 것은 술맛이나 취기가 아닌, 직원을 우선 생각하는 사장의 모습이다. 이러한 모습으로 사장은 직원에게 신뢰를 받을 수 있다. 또 그 신뢰가 조직 전체로 확장될 수 있다. 그런 조직은 평소에 치열하게 경쟁하다가도 조직이 위급할 때에는 문제를 해결하기 위해 하나가 돼 애쓸 수 있다.

4

파격적인 인센티브를 준다고
회사가 변할까?

〔《손자병법》제11편 구지(九地)에 답이 있다 〕

모든 사장의 한결같은 소망은 직원들이 최선과 사력을 다해 능력 100퍼센트를 발휘하는 것이다. 여기에서 더 나아가 직원 하나하나가 '안 되면 되게 하라.'는 군대식 마인드까지 가졌으면 하는 염치 없는 바람도 한다. 하지만 안타깝게도 사장의 이러한 소망은 망상에 가깝다.

지난 2019년에 한 구인 구직 매칭 플랫폼에서 700여 명의 직장인을 대상으로 조사한 바에 의하면, '회사에서 능력을 다 발휘하는 것은 손해다.'라고 답한 사람이 무려 56퍼센트가 넘었다. 가장 의욕적으로 실무를 해야 할 대리급이 67퍼센트, 과장급이 59퍼센트였다. 사장들이 들으면 화날 소리가 아닐 수 없다.

사장은 이런 직장인을 이해할 수 없을 것이다. 일단 월급이라는 '무시무시한 보상'을 매월하고 있으며, 거기에 보너스 등도 주고 있는데 왜 직원이 최선을 다하지 않느냐는 생각 때문이다.

이 문제의 해법은 의외로 단순하다. 사람이 가지고 있는 기본적인 심리를 이해하고, 적절한 타이밍에 파격적인 보상을 하면 된다.

직원은 늘 일하는 것보다 덜 받고 있다고 생각한다

사람은 때론 자신이 하는 일이 더 힘들다고 과대평가하고, 타인의 노력을 과소평가한다. 이를 심리학에서는 '자기중심적 편파 Egocentric bias'라고 한다.

사람은 무엇이든 자신의 관점에서 바라보기 때문에 자신이 얼마나 일을 수행해내느라 고통스러운지, 혹은 얼마나 장애물이 많았는지를 잘 알고 있다. 하지만 타인이 해낸 성과의 과정 그 과정에서 오는 고통을 어떻게 뛰어넘었는지에 대해서는 타인이 직접 자세히 말하기 전까지는 알 수가 없다.

따라서 직원은 같은 보상을 받더라도 다른 직원이 훨씬 쉽게 보상을 받는 것처럼 보이고, 자신은 훨씬 고생했음에도 매우 적은 보상을 받는다고 여기게 된다. '남의 떡이 더 커 보인다'는 말은 반대로 '내 떡이 훨씬 작아 보인다'는 말이기도 하다.

사장과 직원 간에 보상 문제에도 바로 이러한 자기중심적 편파가 어김없이 작동된다. 앞에서 살펴본 설문조사에도 이런 자기중심적 편파의 그림자가 어른거린다.

사장은 '이 정도 월급이라는 보상이면 150퍼센트 능력을 발휘해야 하는 거 아니냐?'라고 묻지만, 직원은 '이 정도 월급과 보상으로 회사에서 능력 100퍼센트 발휘하는 것은 손해'라고 생각한다.

사장이라면 이런 문제를 단지 '인간 심리의 문제일 뿐'이라고 결론 내리면 안 된다. 치열한 경영의 현장에 서 있는 사장은 비록 그것이 인간 심리의 문제라고 하더라도, 어떻게든 뚫고 나갈 수 있는 현실의 무기를 쥐어야 하기 때문이다.

사장이라면 이 심리를 이용해 '적절한 보상'의 크기를 훨씬 더 넓게 잡아야 한다. 예를 들어보자. 10이 적절한 보상이라고 생각했다면, 15나 20으로 넓게 잡아야 직원이 가지고 있는 자기중심적 편파를 넘어설 수가 있다.

사람은 누구나 자신이 받을 수 있는 보상 시나리오를 짠다. 이를테면, 사장이라면 특정한 제품을 기획하면서 이런 시나리오를 짠다.

'이 제품은 잘 팔리면 10만 개도 팔리겠어. 안 되도 7~8만 개? 한 20만 개만 팔리면 이건 대박인데. 최악의 경우라고 하더라도

5만 개는 넘어야 손해는 안 보는데….'

이렇듯 사장은 최소 5만 개에서 최대 20만 개라는 매우 넓은 범위에 걸쳐 각 상황에 맞는 시나리오를 짜게 된다. 일종의 '간 보는 상태'라고 할 수도 있다. 그런데 만약 제품을 출시했더니 35만 개가 팔렸다고 해보자. 이때는 그간 간을 보던 상태에서 감동의 상태로 전환된다.

그렇다면 직원은 어떤 시나리오를 짜고 있을까.

'내 월급은 350만 원이지만, 400만 원만 돼도 좋겠는데. 어느 세월에 450만 원까지 가려나?'

직원의 보상 시나리오 스펙트럼은 350만 원에서 450만 원 사이다. 이 상황에서 사장이 450만 원 정도를 보상했다고 생각해 보자. 직원은 감동의 상태로 접어든다.

물론 사장 처지에서는 '지나친 보상이 오히려 의욕을 떨어뜨리는 것은 아닐까?'라는 걱정도 들고, '그 정도 투자했는데 성과가 나오지 않으면 어쩌지?'라며 전전긍긍하게 된다.

게다가 경영학의 기본 이론에서는 '금전적 보상이 장기적으로는 동기부여를 끌어내지 못한다.'라는 결론을 내리고 있다. 그래서 경영학 지식이 있는 사장이라면, 파격적인 보상을 하는 것을 포기하는 지경에 이른다.

삼군三軍을 한 사람 부리듯 하기 위한 방법

역사 속 영웅들은 경영학 이론을 몰랐다. 하지만 그들은 체험으로 부하들의 보상 예상 시나리오를 깨는 것이 얼마나 중요한지를 알고 있었다. 《손자병법》 제11편 구지(九地)에는 다음과 같은 조언이 나온다.

"관례를 깨는 큰 상을 베풀기도 하고, 관례를 깨는 엄격한 명령을 내리기도 하면, 삼군(三軍)을 마치 한 사람 부리듯 할 수 있다."

여기에서 중요한 것은 '관례를 깬다'는 점이다. 관례를 깨는 보상을 받은 부하들은, 보상에 대한 기존 시나리오를 순식간에 허물었다. 그리고 진심으로 감동했고, 나라에 충성했다.

이러한 관례를 깨는 방법을 통해서 부하뿐만 아니라 포로까지 완전한 내 편으로 만든 사람이 '인류 역사상 최고의 정복자'라고 불리는 칭기즈칸이다. 그가 역사 속에서 어떤 일을 했는지는 다음 몇 문장으로 충분히 설명된다. 역사 연구가이자 저술가인 해럴드 램Harold Lamb은 칭기즈칸을 연구한 자신의 책《칭기즈칸》의 서문에 이렇게 적고 있다.

'800년 전 한 사나이가 고비사막의 모래바람 속에 서 있었다. 그는 세계 절반의 땅에서 왕으로 군림했으며, 죽은 뒤에도 그의 말발굽이 지나간 곳은 수백 년 동안 두려움에 떨었다. 세상은 그를 끔찍한 학살자, 신이 내린 재앙이라고 불렀다. 그러나 한편으

로는 인류 최고의 전사, 왕 중의 왕이라고 불렀다. 그가 바로 칭기즈칸이다.'

칭기즈칸은 오로지 전쟁의 기술로만 위대한 제국을 건설한 것이 아니었다. 그 이면에는 '보상의 시나리오'를 깨나가는 그만의 과정이 있었다.

당시 일반적인 전쟁이란, '약탈과 학살'로 정의된다. 승자가 지나간 곳은 피로 물들었고, 그 승자의 군인들은 마구잡이로 약탈했다. 그런데 칭기즈칸은 달랐다. 적군이나 적의 백성을 포로로 잡으면 그들에게 새로운 기회를 제공했다. 충성을 맹세하면 학살하는 게 아니라 오히려 과거보다 더 전쟁의 위험이 없는 세상에서 살 수 있게 했다. 포로들은 칭기즈칸이 자신을 지켜줄 것이라는 안도감을 얻었고, 나아가 새로운 나라에서 얻게 되는 자신의 신분을 자랑스럽게까지 여겼다.

칭키즈칸은 이런 식으로 여러 나라를 점령했다. 그때마다 점령당한 나라의 백성은 포로가 됐다고 여기지 않았다. 오히려 새로운 땅에서 희망을 꿈꿨다.

과거 같으면 적군이나 포로로 잡힌 백성은 '이제 죽는 것 밖에 안 남았구나. 아니면 지금이라도 도망갈까? 쥐 죽은 듯이 고개를 숙이면서 노예로라도 살아남는 것도 나쁘지 않겠지?'라는 시나리오를 짜게 된다. 하지만 칭기즈칸은 '더 안전한 생활과 새로운 희망'을 파격적으로 선사했고, 새로 편입된 백성은 오히려 칭기즈칸을 응원했다.

전쟁에서 싸우는 부하들에 대한 보상도 과거와 달랐다. 그전까지만 해도 전쟁을 치른 병사들은 전리품으로 보상을 받았다. 그런데 이 전리품을 얻는 정도가 개개인에 따라 달랐다. 만약 자신이 노린 곳에 재물이나 양식이 많으면 큰 보상을 받았다. 하지만 상대적으로 빈곤한 땅을 점령한 병사들은 보상 약간으로 만족해야만 했다. 그러면 이때에도 병사들은 시나리오를 짠다.

'이번에는 얼마나 건질 수 있을까? 목 좋은 곳을 공략해야 할 텐데. 지난번처럼 쌀 몇 가마니만 얻는 것은 아니겠지?'

병사들이 약탈에 앞서 이런 시나리오를 짜고 있을 때 칭기즈칸은 과감하게 개인적인 약탈을 금지했다. 그리고 파격적으로 전리품을 모든 병사에게 공평하게 나눠주기 시작했다. 그러자 전시품을 둘러싼 여러 복잡한 감정을 뒤로하고 병사들은 감동의 상태로 진입했고 모든 에너지를 승리에 바칠 수 있었다.

K기업이 직원들 월급을 100만 원 올린 이유

국내에 혁신적인 기술로 자동문을 생산하는 K기업이 있다. 이 기업은 창업 2년 만에 100만 달러 수출의 탑을 수상할 정도였고, 창업 5년 만에 6개국에 해외법인 공장을 갖출 정도로 급속하게 성장했다. 이런 놀라운 성장이 있기까지는 파격적인 보상이 있었다. 이 회사에 신입사원으로 입사하는 순간 연봉은 4천만 원이 된다. 거기다가 정부지원금까지 합쳐 즉시 연봉이 5천만 원으로 오른다. 이 뿐이 아니다. 이 기업은 주 4일 근무한다. 휴일과 휴일 사이에 평일이 있는 날이면, 사장이 나서서 '무조건 쉬라.'고 독려한다. 더 놀라운 사실은 특별한 이유도 없이 전 직원 월급을 한 번에 100만 원씩 올려준 것이다. 당시 사장은 직원들에게 이렇게 말했다.

"이번 달부터 월급을 100만 원씩 올립니다. 하지만 그렇게 되면 우리 회사는 곧바로 적자가 됩니다. 하지만 그럼에도 저는 여러분의 월급을 올리고 싶습니다."

월급을 올린 이유는 말하지 않았다. '그냥' 올리고 싶었기 때문이다. 이후 정말로 6개월은 적자였지만, 그 뒤부터는 기업은 매서운 성장세를 보였다. 그가 한 언론사와 인터뷰한 내용은 '보상에 대한 파격의 정신'이 무엇인지를 잘 보여주고 있다.

"많은 사장님들과 대화를 해보면 대개 '회사가 잘 되면 직원들에게 더 잘해줄 수 있다.'라는 말을 하곤 합니다. 이는 '너희들이 잘하면 그만큼 해줄게.'라는 전제 조건을 다는 것입니다. 하지만 저는 정반대로 생각했습니다. 아무런 전제 조건도 없이 잘해준 뒤, '이제 이익을 더 많이 만드는 것은 직원 여러분들의 몫입니다.'라고 말합니다. 이렇게 하면 직원들은 회사를 자신의 것처럼 생각하고 말하지 않아도 뛰어난 동기부여가 됩니다."[1]

이러한 방법이 《손자병법》에서 말한 '관례를 깨는 일'이며, 칭기즈칸이 개인적 약탈을 공평한 보상으로 바꾸고, 죽음의 위기에 있던 포로들에게 새로운 희망을 주는 일이다.

우리는 흔히 인간을 '이기적인 존재'로 상정하고 사고한다. 그런데 가만히 살펴보면 이 이기적인 존재의 탄생은 인간 개개인이 처한 상황과 매우 밀접한 관계가 있다. 이기적이어야 살아남을 수 있는 환경이기 때문에 기꺼이 이기적 인간이 되는 것을 선택한다. 먹을 것, 입을 것이 풍부하고 저마다 차고 넘친다면 굳이 이기적 존재가 될 필요 자체가 없다.

자신의 전 재산 절반인 5조 원을 사회에 기부하는 사람에게는 더는 돈이라는 재물이 개인의 생존을 추구하는 수단이 아니다. 따라서 그 돈을 기꺼이 사회에 환원해 새로운 가치를 실현하려는 것이다. 이런 사람은 원래 '이타적인 사람'이라기보다는 '더는 이기적이지 않아도 되는 사람'이라고 볼 수 있다.

우리의 직원들도 마찬가지다. 보상이 파격적이지 않은 이상, 언제는 그들은 '자기중심적 편파' 안에서 굶주릴 수밖에 없다. 그리고 '우리의 능력을 100퍼센트 발휘하는 것은 오히려 손해

---

1 정하연, '경영자의 착각에서 벗어나면 직원들은 기적을 만들어냅니다', 《종합시사매거진》, 2019

야.' 하는 신념으로 자신을 지켜나가는 이기적 존재가 된다.

이것을 바꾸는 힘은 오로지 사장의 손에 달려 있다. 적자를 감수하고라도 파격으로 대우를 해준다면, 직원들은 '더는 이기적이지 않아도 되는 사람'으로 변해 회사의 수익을 위해, '삶의 터전이 된 회사'를 위해 자신이 가진 능력 200퍼센트를 기꺼이 수행해낼 것이다.

◆── 사장을 위한 인문학 ──◆

"관례를 깨는 큰 상을 베풀기도 하고, 관례를 깨는 엄격한 명령을 내리기도 하면, 삼군(三軍)을 마치 한 사람 부리듯 할 수 있다."

관례를 깨는 보상을 받은 직원은 더는 이기적으로 살 이유가 없다. 회사의 수익을 위해 나아가 삶의 터전이 된 회사를 위해 자신의 능력을 스스로 발휘해낼 것이다.

억울한 직원이 없는가 돌아보라

회사가 조금씩 커가기 시작하면 직원 개인에 대한 사장의 관심을 줄어들 수밖에 없다. 굳이 그런 사사로운 일까지 해야 할 필요가 있냐 싶기 때문이다.

특히 회사가 시스템으로 돌아가는 시점이 되면 굳이 그럴 필요까지 느끼지 못하게 된다. 성과나 보상 문제도 마찬가지다. 어차피 시스템이 해결해주니까 굳이 사장이 세밀하게 살피지 않아도 된다고 여긴다. 하지만 그럴수록 사장은 직원 개인에 관한 관심을 결코 놓아서는 안 된다.

당나라 요 임금은 백성들을 이렇게 대했다고 평가받는다. "하소연할 곳 없는 불쌍한 사람들을 돌봤고, 죄지은 사람 중에 억울한 사람이 없도록 보살폈다. 이는 고대의 성왕이 위태로운 처지인 사람을 편안하게 하고, 멀리 있는 지역 사람들을 품에 안을 수 있었던 까닭이다."

임금도 이렇게 하는 마당에, 사장이 사사로운 돌아봄을 포기할 이유는 없다. 오히려 이러한 노력은 직원들을 감동하게 하고,

'사장님'에 대한 고마움을 느끼게 된다.

관자(管子)는 '주는 것이 도리어 받는 것임을 아는 것이 정치의 소중한 이치다.'라고 말했다. 《일주서(逸周書)》에서는 '장차 취하려면, 반드시 먼저 줘야 한다.'라고 조언한다.

직원들의 생활과 개인사를 사사롭게 돌아보는 것은 큰 힘을 가지고 있다. 비록 그것이 번거롭고 힘든 일이라고, 그것은 회사라는 성(城)의 작은 틈새를 메우는 소중한 일이라는 사실을 알아야만 한다.

02

사장의 태도가
직원의태도다

❖ 조직문화

'싫어하면서 닮는다.'는 말이 있다. 논리적으로는 이해가 쉽지 않다. 그것은 인간이 모방의 동물이라는 점 때문이다. 내 마음과 감정의 호불호와는 상관없이 자주 보이는 모습에 이끌리게 되고 그것을 습관화하게 된다. 직원이 보여주는 태도는 결국 사장이 평소에 하던 태도와 다르지 않다. 회사를 '법인(法人)'이라고 칭하는 것도 결국 사람이 모여 만든 조직이기 때문이다.

1

사장은 어떻게 일하고 살아야 인정받을까?

◀ 철학자 발타자르 그라시안의 6가지 제안 ▶

'사장'이라는 이름으로 평생 살아갈 결심을 한 사람이라면, 최소한 사장이라는 업(業)의 본질 정도는 알아야만 한다. 이 본질이란, '사장은 회사를 창업해 제품과 서비스를 제공하고 돈을 버는 사람'의 차원은 아니다. 그 정도는 누구나 상식으로 알고 있다.

조금 더 고상하게 '사장이란 비전을 세우고 경영의 목표를 위해 노력하는 사람' 정도로 정의 내릴 수도 있다. 하지만 이 역시 사장이라는 업의 본질을 표현하기에는 뭔가 부족한 게 사실이다. 더군다나 이런 정의들에서 우리가 직관적으로 배울 수 있는 지혜가 별로 없다. 그저 주어진 상황을 있는 그대로 묘사한 것에 불과하기 때문이다.

그래서 우리는 사장이라는 업의 뒤편으로 돌아 들어가 그 안에서 '도대체 사장으로 살아가는 것은 무엇인가?'에 대한 탐구를 해야 한다.

사장을 원래 미움받을 가능성이 크다

'사장은 무엇인가'에 대한 질문을 수많은 관점으로 해석할 수 있겠지만, 여기에서는 우리가 알고 있는 상식에서 다소 벗어나 있는 사장 한 명을 살펴보자.

만약 당신이 조그만 술집을 운영하는 사장이라고 해보자. 해야 할 일은 술을 저렴하게 팔 방법을 찾거나, 맛있는 안주를 개발하는 일일 것이다. 가게를 늘 청결하게 하는 것도 물론 업에 포함이 되는 일이다. 가게가 잘 되기 위해서 굳이 매일 신문 3개와 지면 광고 모두 읽을 필요도 없고, 누군가에 편지를 쓸 일도 없다. 더구나 누군가의 인생을 상담해줄 일도 없다. 그것은 우리가 상식적으로 생각하는 '술집 사장의 일'이 아니기 때문이다.

지난 2003년 101세의 나이로 작고한 일본 긴자의 한 술집 사장 아리마 히데코(有馬秀子)라는 여성이 있었다. 무려 53년 동안, 작고하기 1년 전인 100세까지 술집을 운영했던 그곳의 이름은 '기루비 에이(ギルビ_A)'였다. 그곳이 유명해진 이유는 그녀가

'업의 본질'을 제대로 꿰뚫었기 때문이다. 그녀는 술집을 '술을 파는 곳'을 넘어서 '손님이 스트레스를 풀고, 삶의 애환을 나누는 곳'으로 재정의했다.

손님들이 스트레스를 풀어주려면 품격 있는 대화를 해야 했다. 그래서 매일 신문 3개와 광고까지 완독했다. 손님 중에 승진한 사람에게는 축하 편지를, 승진하지 못한 사람에게는 인생의 지혜가 담긴 글귀를 꾹꾹 눌러 담아 위로 편지를 썼다. 매일 밤, 술집에는 사업가와 소설가들이 찾아왔다. 사장은 그들의 삶을 듣고 논하는 인생 상담사 역할까지 했다.

그녀의 이러한 행동들이 단골손님의 유치를 위한 마케팅의 한 방법일 수도 있다. 하지만 그보다는 '술집 사장으로 살아가는 것은 무엇인가?'에 대해 고민하며 업을 재정의했다고 볼 수 있다. 이렇게 새롭게 업을 정의하니 그녀의 행동이 달라졌고, 손님 인식이 좋아졌다. 그리고 기루비 에이는 무려 50년을 존속하는 장수 가게가 될 수 있었다.

업을 항상 고민하고, 새로운 방향을 모색하면 사장의 일은 끝나는 것일까? 그러면 존경받을 수 있는 사장이 될 수 있을까? 그러나 애초에 사장은 사회적으로 미움받을 가능성이 매우 큰 사람이다.

대체로 사장이 되려고 하는 사람은 경제적으로 자유로워지고 싶고, 또 그렇게 되면 다른 사람들의 존경도 받을 수 있다고 생각한다. 부자를 향한 부러움이 동기부여가 되는 사람도 있다. 그러나 정작 돈과 자유가 많은 사람은 미움의 대상이다.

공자는 《논어》에서 이렇게 말했다.

'가난하게 살면서도 남을 원망하지 않기란 어려운 일이다.'

그 원망의 대상이 자신과 비슷하게 가난한 사람일 리는 없다. 자신보다 훨씬 많은 부를 가진 사람들, 오늘날이라면 바로 사장들이다. '반기업 정서'라는 것도 여기에 기반해서 설명할 수가 있다. 그러나 이것을 '돈 없는 사람들의 못된 심리'라고 치부해서는 안 된다.

인류의 DNA에 이러한 부자에 대한 미움이 고스란히 녹아 있기 때문이다. 원시인은 먹고살기 위해서 단결해야 했다. 그래야 맹수에 맞서고 사냥을 해서 가족을 먹일 수 있기 때문이다. 그들에게 가장 중요한 것은 공동분배를 통해 이뤄지는 평화와 단결이었다.

만약 누군가가 먹을거리를 축적했다면, 그 사람은 공동체의 질서를 망치는 사람이었다. 문화 인류학자에 의하면, 원시 부족은 마을에 몹쓸 전염병이 돌면 신이 노했다고 생각하고, '나쁜 사람'을 찾아내 처벌해 노여움을 풀어야 한다고 믿었다. 그런데

여기서 나쁜 사람이란, 곧 축적된 것이 많은 사람이었다.[1]

사장이라면 가난하게 살면서도 남을 원망하기란 어려운 일이라는 공자의 말을 마음에 새기자. 사장보다 돈을 덜 버는 직원이 남을 원망하지 않기란 어렵다. 직원에게 미움받는다고 해서 직원이 못된 마음을 갖고 있다고 생각하지 말자.

최소한의 미움을 받는 사장이 되기 위한 6가지 규칙

수많은 중소기업 사장들이 퇴사한 직원으로부터 고발을 당한다. 부당해고로 인한 신고가 제일 많고 심지어 보복성 탈세 의심 신고를 하기도 한다. 물론 이런 고발의 원인에는 사장의 잘못이 있다. 법은 지키기 위해 존재하기 때문이다.

여기서 중요한 것은 따로 있다. 퇴사한 직원들이 과거 사장 앞에서 보였던 굽신거림과 친절은 결국 관계 차원에서 생겨나는 것일 뿐 인간적인 차원은 전혀 아니라는 사실이다.

공적인 관계가 끝나고, 문제의 소지가 있다면 사장은 가장 미움을 받는 존재가 돼버리고 만다. 심지어 사장은 돈을 못 벌어도 미움받는 존재다. 회사가 어려워져 직원에게 월급을 제대로 지급하지 못하면, 살면서 한 번도 만나보지 못한 직원의 가족에

1 브라운스톤, '부자를 미워하면 원시인?', 머니투데이, 2004.

게도 욕을 먹는다. 결과적으로 사장은 돈을 잘 벌어도, 못 벌어도 미움을 받을 수밖에 없는 처지가 된다. 그래서 어떤 이들은 사장을 정의할 때 '직원들에게 돈을 주면서도 스트레스를 받는 직업'이라고 말하기도 한다.

사장은 겉으로는 매우 높은 직급인 것처럼 보이지만, 사실은 회사 내에서도 제일 낮은 위치에 불과하다. 사장의 일이라는 것이 결국은 '사람을 움직이는 일'이기 때문이다.

사장의 가장 큰 착각 중 하나는 '소비자가 우리 회사를 먹여 살린다.'라는 것이다.

이렇게 생각하는 이유는 무엇일까. 결국 소비자가 상품이나 서비스를 구입해서 결제를 해야 그 돈이 우리 회사로 들어오기 때문이다. 그런데 여기에 한 단계 과정이 더 있다. 바로 직원이다. 그 소비자를 움직이는 것은 결국 직원이기 때문이다.

사장은 직원을 먼저 움직일 수 있어야 비로소 소비자를 움직일 수 있게 된다. 그런데 이렇게 하기 위해서는 그야말로 '고난의 행군'을 해야 할 정도다.

스페인 철학자인 발타자르 그라시안Baltasar Gracián이 말하는 좋은 관계의 비법은 눈물겹도록 힘들기까지 하다. 그는 '무적함대'를 이끌던 스페인의 황금기가 막을 내리던 시기에 인간의 본성과 현실에 근거해 조언한 것으로 유명한 인물이다. 일단 그가 말하는 좋은 관계를 위한 여섯 가지 비법을 들어보자.

◆ 다가가기 어려운 사람이 되지 마라.
◆ 외톨이 현자보다 사람들과 어울리는 바보로 사는 게 낫다.
◆ 반감을 표시하는 일은 자해 행위다.
◆ 냉정한 태도는 그만한 대가를 치른다.
◆ 드러낼 것과 감출 것을 잘 분별하라.
◆ 권위는 권력이 아니라 도덕으로부터 나온다.

이 정도를 잘 실천하려면 가히 '수행'이라도 해야 할 정도로 마음가짐을 잡아야 한다. 다가가기 어려운 사람이 되지 않기 위해 벽을 허물어야 하고, 직원 어울리기 위해 똑똑한 사람보다는 바보로 지내야 한다. 직원의 의견에 반대할 수 없고, 감정을 함부로 드러낼 수 없다. 무엇보다 늘 행동을 바로 해야 한다.

사장을 한마디로 정의하자면, '회사에서 가장 낮은 위치에 있고, 미움받을 가능성이 제일 큰 사람'이다. 우리가 생각하는 기존의 사장에 대한 이미지와는 정반대일 수 있다. 그러나 이 모습은 사장이라는 직업이 직면해야 할 또 다른 현실이다.

직원에게 존댓말 한다고 해서 겸손이 아니다

전국시대 제나라 전성자(田成子)에게는 치이자피(鴟夷子皮)라는 하인이 있었다. 그 둘은 군주를 살해하고 나라를 빼앗으려 했으나 실패해서 다른 나라로 숨어들어야 하는 처지가 됐다. 하지만 어느 곳이든 국경은 경비가 심했으니 자칫하면 신분이 들킬 위험이 있었다. 그때, 치이자피가 진성자에게 이야기를 꺼냈다.

"가뭄 때문에 연못의 물이 말라버리면, 그곳에 살던 뱀은 다른 연못으로 옮겨가야 합니다. 하지만 그렇게 하려면 사람들 눈에 띄어 잡히기 때문에 뱀들은 망설이고 있었습니다. 이때 연못의 작은 뱀이 큰 뱀에게 이렇게 이야기했습니다.

'우리가 그냥 따로따로 연못으로 가게 되면 둘 다 죽게 된다. 하지만 큰 몸집을 지닌 당신이 나를 등에 태우고 간다면 사람들은 우리를 신성한 뱀으로 생각하고 두려움을 느낀 나머지 우리를 해치지 않을 것이다.'

정말로 사람들은 뱀의 모습을 보고 그 누구도 해치려 하지 않았습니다. 지금 주인님께서는 풍채도 좋고 얼굴도 잘생겼으나, 저는 남루하고 못생겼습니다. 그러니 오히려 제가 주인 행세를 하고 주인님이 하인 행세를 하면 경비들이 우리를 함부로 대하지 못하지 않겠습니까?"

전성자와 치이자피는 행색을 서로 바꿨고 무사히 국경을 통과할 수 있었다.

학택지사(涸澤之蛇). 마른 연못에 사는 뱀의 이야기다.

몸집이 큰 뱀이 작은 뱀을 등에 모시고 가는 것. 그리고 주인이 신하를 떠받드는 것. 사장이라면 직원들을 높이고, 겸손과 배려의 자세를 가져야 한다. 그러면 서로 상생할 수 있다. 그렇지 않으면 서로 몰락할 수밖에 없다.

겸손이란 무엇일까. 직원을 다정하게 대하고 존댓말로 소통하면 될까? 사장의 겸손과 배려는 직원에게 다정하게 대하거나 존댓말을 쓴다고 해서 생기는 게 아니다. 우선 자신도 모르게 나오는 갑질과 직원을 향한 지적질을 멈춰보자. 그리고 직원들이 더 성장하는 길을 걸을 수 있는 시스템을 만들어 구성원을 배려해보자. 그러면 직원은 사장이 겸손하다고 생각한다.

애초에 '나는 겸손하다'는 생각부터가 틀렸다. 겸손은 타인이 만들어주는 타이틀이기 때문이다.

'내가 널 어떻게 믿냐.'라는 고압적인 자세를 버리는 것, 문제가 생겼을 때, 거만하게 지적만 하고 있을 게 아니라 빠르게 해결하려고 노력하는 것, 직원이 지나친 경쟁에 시달리고 있거나 성과 압박을 느끼고 있을 때 이를 분산시켜주는 일 등. 사장이 직원에게 인정받을 길은 많다.

직원은 어차피 일하러 온 사람이다. 일을 하고 성과를 내며 자신을 증명해야 한다. 그렇다면 사장이 먼저 자세를 낮춰 그들 일이 잘 진행될 수 있도록 도와줘야 하는 게 당연하다.

사장이라는 업의 본질을 생각하자. 사장 자리가 비록 화려하지 않더라도 너무 실망할 필요가 없다. 모든 성과의 최종적인 영광은 곧 사장 것이라는 점을 마음 새기자. 회사를 '내 것'이라고 부를 수 있고, 주변의 사람들은 사장의 이름을 따서 'ㅇㅇㅇ의 회사'라고 지칭해준다. 물론 성공했을 때, 그 모든 경제적 자유 역시 사장의 것이기도 하다.

가장 힘들지만, 가장 영광스러운 자리. 가장 낮은 위치에 있지만 가장 자유로운 자리. 사장은 바로 그렇게 낮음으로 높음을 추구하고, 누군가를 도와주면서 영광을 차지한다. 사장이란 이렇게 역설적인 직업이다.

◆── 사장을 위한 인문학 ──◆

사장은 회사에서 가장 높은 자리에 있으면서 동시에 가장 낮은 자리에 있는 사람이다. '내가 월급 주는 사람인데.'라는 생각부터 버리자. 학택지사(涸澤之蛇). 내가 높다는 것을 과시하고 남을 무시하면 결코 남에게 존경받을 수 없다. 아랫사람을 높이는 사장은 더 높은 자리에 있을 수 있다.

성과에는 분명 고통과 상처가 따른다

사장이라는 업을 수행하면서 절대 하지 말아야 할 행동이 있다. 목표를 빠르게 이루겠다는 급한 마음을 먹는 일이다. 너무 급하게 미래를 상상하고 그것을 성취하려고 하다보면, 언젠가 닥칠 고통을 더욱 크게 느낄 수밖에 없다. 그리고 그것을 인내할 힘도 부족해진다.

《삼국지》초반부는 '황건적의 난'이 일어났던 시대다. 당시 후한 황제 광무제(光武帝)의 휘하에는 경엄(耿弇)이라는 장수가 있었다. 그는 비록 선비 출신이기는 하지만, 젊은 시절부터 무인(武人)을 동경했으며, 광무제의 부하가 돼 수많은 전쟁터를 누볐다.

　경엄이 광무제 명에 의해 장보(張寶)라는 장수와 맞서게 됐다. 경엄 역시 노련한 장수임은 틀림없었지만, 장보 역시 흔들리지 않는 자세로 맞섰다.

　이때 전장에서 싸우던 경엄이 다리에 화살을 맞고 말았고, 그 순간 소리를 지르며 말에서 떨어지고 말았다. 피가 솟구쳤고 더는 전장에 있는 것은 불가능해 보였다. 이에 부하가 경엄에게 쉬기를 권하며 군대를 잠시 후퇴하자고 했다. 하지만 그는 물러서지 않았다. 싸움에 이긴 후에 황제를 술와 안주로 영접하는 것도 모자랄 판에 걱정을 끼칠 수는 없다는 이유였다.

경엄은 다시 천으로 다리를 질끈 묶고 말에 올라타 진군을 했다. 이 모습을 본 부하 장수들 역시 사기가 올라 진격을 하지 않을 수 없었다. 결국 장보의 군대는 이러한 기세에 밀려 후퇴하고 말았다. 승리의 소식을 접한 광무제가 전장으로 달려왔다. 그리고 경엄을 보고 이렇게 이야기했다.

"과거 경엄 장군이 적군을 물리치고 천하는 얻겠다고 말했을 때는 내가 그 말의 가능성이 매우 적다고 여겼소. 하지만 뜻이 있으니 마침내 성공하고야 마는구려!"

이 에피소드로 탄생한 고사성어가 바로 유지경성(有志竟成)이다. 이루고자 하는 뜻이 있다면 반드시 이루어진다는 의미다. 하지만 사장이라면 이 이야기를 어떻게서든 노력하면 성과를 낼 수 있다고 읽으면 안 된다.

사장이라면 이 이야기에서 뜻을 세우고, 그것을 이루기까지 흔들릴 수 있는 여러 '변수'를 생각해봐야 한다.

회사 목표로 가는 가운데, 직원 한둘이 나가떨어질 수도 있고, 사내 분위기가 좋지 않게 될 수 있다. 그래서 목표에 다다랐을 때는 이미 상처투성이가 돼 있을 가능성이 매우 크다.

화살에 맞아 피가 쏟아졌던 경엄의 다리는 바로 이러한 난관
을 상징적으로 보여주는 것이라고 할 수 있다.

목표 성취를 결심했다면, 목표를 향해 가는 길에 그에 걸맞은
고통과 괴로움이 있다는 사실도 받아들여야 한다. 그리고 그것
을 이겨내겠다는 결심을 동시에 해야 한다. 절대 성과의 달콤한
외연만 봐서는 안 된다는 이야기다.

2

조직문화는 어떻게
만들어가야 할까?

◀ 인재가 평범하게 변한다면 귤화위지(橘化爲枳)의 문제다 ▶

기업의 성과를 가장 강력하게 견인하는 것 중 하나가 조직문화
다. 글로벌 컨설팅 기업 맥킨지가 세계적인 기업을 추적 조사한
결과 조직문화가 건강한 기업은 그렇지 않은 기업에 비해 그 수
익률이 3배나 높았다고 한다.

그런데 막상 보통의 사업체에서 이 조직문화를 다루려고 하
면 난감하다. 도대체 조직문화가 무엇인지, 혹은 어떻게 만들어
나가야 하는지 실마리가 풀리지 않는 경우가 많다. 그렇다고 복
잡한 경영학 이론에서 말하는 조직문화론을 따라 하는 것도 만
만치 않은 일이다.

그럼에도 결코 포기할 수 없는 이유는 그것이 경영전략보다

더욱 중요한 일이기 때문이다. 피터 드러커는 "문화에 비하면 전략은 아침식사에 불과하다."라고 말했다. 조직문화가 그만큼 중요하다는 이야기다

조직문화가 엉망이면 인재도 엉망이 된다

춘추시대 제나라 명재상 안영(晏嬰)의 언행을 기록한 《안자춘추 (晏子春秋)》에 나오는 이야기다.

어느 날 안영이 왕의 명을 받들어 초나라에 가게 됐다. 초나라 왕은 평소에 제나라 사람을 은근히 무시하는 사람이었다. 그래서 안영이 사신으로 왔지만, 계속해서 부아가 치미는 비아냥 거리를 말을 하곤 했다. 그때 마침 초나라의 관리들이 죄인 하나를 끌고 가고 있었다. 그때 초나라 왕이 그들을 멈추고 물었다.

"그 죄인은 어디 출신이며, 무슨 죄를 지은 것인가?"

이에 관리가 말했다.

"이 사람은 제나라 사람으로, 초나라에 와서 바르게 일을 하지는 않고 상습적으로 도둑질을 했습니다. 그리하여 저희가 체포해 끌고 가는 중입니다."

초나라 왕은 마침 잘됐다 싶어 안영에게 비꼬며 말했다.

"제나라 사람들은 모두 저렇게 도둑놈인가 보오?"

안영이 대답했다.

"제가 알기로는 저희 제나라의 회남 지역에서는 귤이 아주 잘 자랍니다. 그 맛이 아주 달고 향기롭죠. 그런데 그 귤을 초나라 회북 지역에 옮기면 겉모양은 비슷하지만 쓰고 시어 탱자가 돼 버립니다. 저희 제나라에는 도둑질하는 이가 없는데, 이상하게 도 초나라에만 가면 저런 도둑질을 하고 다닌다고 합니다. 혹시 초나라의 환경이 백성으로 하여금 도둑질하게 만드는 것이 아 니겠습니까?"

남쪽에서 잘 자라는 귤을 북쪽으로 옮겨심으면 탱자가 된다 는 귤화위지(橘化爲枳). 땅과 물이 달라지면, 그 내용물도 달라질 수 있음을 의미다.

회사에서의 조직문화란 바로 이런 '땅과 물', 즉 환경과 다름 없다. 비범했던 인재도 게으른 조직문화 속에 들어오면 그 비범 함의 빛이 사라진다. 평범한 사람도 건강한 조직문화 속으로 들 어오면 비범하게 변한다.

그래서 조직문화란 곧 인재의 싹을 심고 기르고 성장하는 땅 과 물이다. 한번 공고하게 잘 다져진 땅과 물은 이후에 입사하는 직원에게도 건강한 환경을 제공하기 때문에 조직은 지속적으로 성장하고 발전할 수 있다.

흔히 조직문화의 변화라고 하면 이런 것들을 생각한다. 직장 에서 청바지를 입거나, 넥타이를 매지 않는 것. 혹은 서로를 '이 부장님, 최 과장님'이라고 부르지 않고 '마이클, 레오'라고 부르는 것. 물론 이런 변화를 통해서 분위기를 바꾸고 새로운 문화를 키워낼 수도 있다. 하지만 조직문화의 본질은 단지 그런 외형적인 것에만 그치지 않는다.

조직문화 변화는 더 철저하게 내재적인 것에서 시작된다. 눈에 보이지 않으면서 눈에 보이는 모든 것을 결정하는 근원적 동기와도 같은 것이다.

일하는 사람도 시키는 사람도 편하게 만드는 시스템

지금의 조직문화를 옛 군사 전략가의 버전에 맞춰 설명해보자면 그것은 '풍조(風潮)와 형세(勢理)'라고 할 수 있다.

역대 왕조들의 흥망사를 기록해 놓은 《장단경(長短經)》은 우선 풍조라는 것에 대해 이렇게 설명하고 있다.

"관직을 맡은 자들이 존경받지 못하면 이는 '나라가 쇠퇴하는 풍조'다. 군주가 책임을 신하들에게 떠넘기면 이는 '나라를 허약하게 하는 풍조'다. 윗자리에 있는 자들의 욕심이 지나치면 이는 '나라를 혼란에 빠지게 하는 풍조'다."

형세에 대해서는 이렇게 설명한다.

"정치의 형세가 태평한 것으로 이뤄지면 간섭하지 않고 맡겨 놓아도 어지럽지 않다. 요임금과 순임금은 팔짱을 끼고 가만히 앉아서 굳이 일하지 않아도 오히려 여유가 있었으니 이는 '다스림의 형세'를 이루었기 때문이다."

조직문화를 의미하는 풍조와 형세. 그것은 조직을 지배하는 전반적인 흐름이나 분위기며, 시스템의 일종이라고 할 수 있다. 이것이 잘 갖춰진 조직에서 개인은 쇠퇴할 수도, 허약해질 수도 있다. 물론 정반대로 순풍에 의한 약진도 가능하다.

시스템을 잘 잡아놓으면 사장과 직원 사이에서 혼란이 사라진다. 직원이 스스로 맡은 역할을 충실히 해내고 각 팀의 역할이 딱딱 톱니바퀴처럼 들어맞으니 사장은 팔짱을 끼고 앉아 있어도 회사를 내 손바닥 살피듯, 훤히 살필 수가 있게 된다.

좋은 조직문화를 만든다는 일은 곧 '건강한 생태계'를 만들어내는 것이라고 봐도 무방하다. 생태계의 특징은 한번 잘 조성해놓으면 선순환을 해서 계속 긍정적인 결과를 만든다는 점이다. 마치 아름다운 자연을 조성하듯, 회사의 생태계를 조화롭게 만들어 놓으며 일하는 직원도, 일을 시키는 사장도 서로 편해질 수가 있다.

중요한 점은 이러한 건강한 조직문화는 말로만 해서는 이룰 수 없다는 점이다. 이 부분에서 사장들은 가장 큰 오해를 하고 있다.

사장이 부하들에게 '서로 존중하는 문화를 만듭시다.', '다른 팀의 일에 최대한 협조적으로 합시다.', '늘 창조와 혁신을 해나가는 문화를 만듭시다.'라고 말해봐야 거의 소용이 없다. 그래서 어떤 경영 전문가들은 '사장은 직원들에게 1,000번도 이야기할 자세를 가져야 한다.'라는 조언을 하기도 한다. 그러나 직원도 사람이다. 같은 이야기를 1,000번 들으면 폭발하고 만다.

조직문화를 가장 빠르고 확실하게 만드는 방법은 결국, 생각의 구조를 뒤바꾸는 일이다. 생각의 구조를 바꾸는 가장 좋은 방법은 '경험'이다.

한 직원에게 상을 내리면, 직원 모두가 경험하게 된다

춘추시대 오나라의 합려(闔閭)는 쿠데타를 일으켜 왕위를 찬탈한 후, 자신의 충성스러운 부하 오자서(伍子胥)의 원수를 갚기 위해 초나라를 칠 생각이었다. 그런데 막상 훌륭한 장수가 없었다. 오왕 합려의 고민은 깊어질 수밖에 없었다. 그러던 중 오자서는 《손자병법》을 집필한 손무(孫武)를 추천했다. 손무는 합려 앞에서 자신의 병법에 대해 구구절절한 설명을 했다. 그 설명이 끝나자 합려가 물었다.

"이 병법은 참으로 하늘과 땅을 꿰뚫는 재주라고 하겠으나, 과인의 나라는 크지도 않고 군사도 많지 않으니 그것이 문제가 아닐 수 없네."

손무가 자신 있게 말했다.

"제 병법은 병졸에게만 쓸 수 있는 게 아닙니다. 부녀자들도 조금만 훈련 받으면 적과 맞서 싸울 수 있습니다."

아무리 그래도 부녀자라도 싸울 수 있다니. 합려는 손무의 허풍이 좀 심한 것은 아닌지 의심스러워 다시 물었다.

"그래도 이 세상 천하에 어떤 사람이 부녀자의 손에 무기를 쥐게 하고 훈련을 시킬 수 있겠소?"

손무는 자신이 직접 보여주겠다면서 궁녀를 모을 수 있게 청했다. 그렇게 뜰 앞에 끌려 나온 궁녀 300여 명은 어리둥절했다.

손무는 합려에게 가장 사랑스럽게 생각하는 궁녀 둘을 대장으로 뽑게 하고 체계를 세웠다. 그리고 군법을 알려줬다. 복장, 훈련 중 잡담, 걸을 때의 방법 등등에 대해 알려준 뒤 내일 갑옷을 입고 모이라고 했다.

다음 날 본격적인 훈련이 시작됐다. 북소리에 맞춰 좌로, 우로 행진했다. 그런데 난생처음 해보는 어색한 군사 훈련에 궁녀들은 북소리가 울릴 때마다 킥킥 웃기 시작했다. 우로 가라는데 좌로 가고, 앞으로 가는데 뒤로 물러서곤 했다. 여기저기서 민망한 웃음들이 터졌다.

손무는 무섭게 두 눈을 뜨고 "명령을 내려도 명령을 거역하지 않으면 이는 장수의 죄다. 군법에서는 마땅히 목을 쳐서 죽어야 하느니라."라고 말하며, 대장 궁녀 둘의 목을 쳐버리고 말았다. 그러자 순식간에 분위기를 변했고, 궁녀들은 마치 잘 훈련된 군사들처럼 행동하기 시작했다.

손무가 보여줬던 훈련 과정은 조직문화가 무엇에 의해 만들어지는 것인지를 잘 보여주고 있다. 그것은 바로 '경험'이었다. 왕이 제일 사랑하는 대장 궁녀가 죽는 '경험'을 겪게 하자, 지금 궁녀들은 자신이 무엇을 해야 하는지를 명확하게 각인했다. 그리고 그것이 조직문화가 돼 조직 전체를 장악했다.

현명한 사장이라면 직원에게 '다른 팀의 일에 최대한 협조적으로 합시다.'라고 말할 게 아니라 정말로 협조적으로 행동한 직원을 한 달에 한 번 뽑아 상을 줘야 한다. 누군가가 상을 받는 그 '경험'을 하게 되면 누구라도 참여하길 원하게 된다.

마찬가지로 '늘 창조와 혁신을 해나가는 문화를 만듭시다.'라고 말할 것이 아니라, 정말 창조와 혁신을 한 사람을 선발해 휴가를 보내줘야 한다. 그러면 사장이 같은 말을 1,000번을 말할 필요가 없다. 직원들은 그 단 한 번의 경험으로도 '나도 창조와 혁신을 해야겠다.'라는 의지를 갖추게 된다.

사장들이 조직문화를 만들고 변화시키기 위해서 끊임없이 해야 할 일은 바로 직원들이 특정한 경험을 할 수 있도록 설계하는 일이다. 계속해서 그 경험을 지속하다 보면 완전한 문화로 굳어질 수 있다. 경험이 쌓인 조직일수록, 그로 인한 조직문화는 더 단단해질 수 있을 것이다.

◆── **사장을 위한 인문학** ──◆

귤화위지(橘化爲枳). 땅과 물이 달라지면, 그 내용물도 달라질 수 있다. 조직문화는 환경이다. 조직문화가 엉망이면 인재도 엉망이 된다. 조직문화가 좋으면, 평범한 직원도 훌륭한 성과를 낼 수 있다. 좋은 조직문화를 만드는 것은 '사장의 말'이 아니라, 직원의 경험이다.

집중력 있는 조직문화, 사장이 먼저다

사장만큼이나 한꺼번에 여러 일을 동시에 해내야 하는 사람도
드물다. 사장들의 하루 일상을 되돌아보면 정말이지 놀라울 정
도로 다방면의 일을 처리해야 하며, 심지어 가정 일까지 챙겨야
할 때도 있다. 일상이 멀티태스킹Multi Tasking이다.

게다가 회사 내에서 갑자기 문제가 생기거나, 작업 현장에서
사고라도 생기는 등의 변수가 생기면 멀티태스킹 능력을 폭증
시켜야만 할 정도다.

그러나 인간에게는 멀티태스킹 능력이 없다는 게 학계의 정
설이다. 무리하게 한꺼번에 여러 가지 일을 하다 보면 뇌 기능
효율성 자체가 떨어진다. 일상에서 멀티태스킹이 가능한 것처
럼 보이는 이유는, 자신의 한정된 집중력 자체를 여기저기로 나
눴기 때문이다. 따라서 개별적인 업무 집중도는 그만큼 약해질
수밖에 없다.

사장이 여러 일을 진행하면서 업무 집중도가 약한 모습을 보
이면, 직원의 업무 처리도 우왕좌왕할 수밖에 없다. 업무 우선순
위를 정하지 못하고 사장이 가는 방향을 우선시하기 때문이다.

혼히 프로젝트를 진행하다가 흐지부지해지는 경험이 있을 것이다. 이는 조직에 집중력이 부족한 탓인 경우가 대부분이다. 이렇게 흐지부지해지다 보면 '끝까지 해내는 힘'이 줄어들게 된다. 심지어 간단한 집 청소도 하다가 멈추면 별로 티가 나지 않는데, 돈이 오가는 경영에서 이런 일이 자주 발생하게 되면 실패 가능성이 커질 수밖에 없다. 야생에서 먹잇감을 끝까지 추격해서 잡지 못하고 계속 중간에서 포기하는 사자는 결국 굶어 죽게 된다. 집중력 없는 조직은 굶어 죽는 사자와 같다.

집중력에 관한 한 최고의 한 장면을 보여준 사람이 있다. 그는 한나라 시절 이광(李廣)이라는 장수였다. 성품도 뛰어난 데다가 활까지 잘 쏘는 용맹한 장수였다. 그런데 그가 활을 쏠 때는 한 가지 특징이 있었다. 그것은 바로 명중시킬 자신이 없으면 활쏘기를 주저한다는 사실이었다. 혼자 사냥을 할 때야 상관이 없겠지만, 다른 군사들과 합동작전을 할 때는 다소 불편한 점이 아닐 수 없었다.

그러던 어느 날 이광이 홀로 사냥을 하러 갔다. 그때, 한 마리의 호랑이가 숨을 죽이면서 나무 뒤에 숨어 있다는 사실을 직감했다. 이광은 모든 정신을 집중해 화살을 쏘았고 그 결과 호랑이 배에 정통으로 맞았다. 이상한 것은 호랑이가 그 순간부터 전혀 움직이지 않는다는 점이다. 대개 한 발의 화살로는 숨통을 끊을 수 없다. 보통 화살을 맞은 호랑이는 피를 흘리며 도망가거나 바닥에 누워 버둥거리기 마련이다. 이광이 가까이 가서 봤더니 화살이 명중한 곳은 호랑이가 아니라 호랑이를 닮은 바위였다. 화살로 바위를 뚫다니, 이광 자신도 놀라울 수밖에 없었다.

이광은 다시 자신의 힘을 시험해보기 위해 아까 활을 쐈던 같은 자리에서 바위를 향해 활시위를 당겨 봤지만 화살은 바위에 맞고 힘없이 튕겨 나갈 뿐이었다. 이광은 단단한 바위를 꿰뚫은 화살을 보면서 집중력이라는 것이 얼마나 중요한지를 깨닫게 됐다.

중석몰촉(中石沒鏃). 이 고사성어는 '돌에 화살이 깊게 박혔다.'는 뜻이다. 정신을 집중하면 못해낼 일이 없다는 교훈을 주고 있다. 우리나라의 경영자 중에서도 이 중석몰촉을 경영의 철학으로 삼는 이들도 적지 않다. 조직이 중석몰촉의 정신으로 업무를 추진한다면, 불가능해 보이는 목표에도 다다를 수 있을 것이다.

강렬한 집중력은 무엇이든 끝까지 해내는 힘을 길러준다. 하나하나의 프로젝트에 집중해 깔끔한 마무리로 성과를 길어 올릴 수 있다. 그리고 이 성과를 기반으로 다음으로 진입하는 과정을 통해 회사가 성장하고 이익은 쌓여갈 수 있다. 학생이 공부할 때에는 집중력이 관건이듯, 사장도 조직도 이 집중력이 중요하다. 집중력은 사업의 성패를 좌우할 힘이다.

《맹자(孟子)》에는 이런 구절이 있다.

'그만둬서는 안 될 때 그만두는 사람은 무엇을 하든 그만두지 않는 일이 없을 것이다.'

이런 사람에게 포기는 습관이고, 후퇴는 일상이 된다. 이러한 결과를 맞지 않기 위해서는 멀티태스킹의 능력을 자랑하지 말고, 하나씩 집중해서 확실하게 성취해나려는 마음의 자세를 길러야 한다.

《전국책(戰國策)》에는 '끝까지 해내는 집중력'에 대한 교훈을 가슴에 새길 수 있는 '행백리자, 반구십(行百里者, 半九十).'이라는 말이 있다. 우리 말로 조금 쉽게 옮겨보면 다음과 같다.

'100미터를 달리는 사람은 90미터를 반으로 친다.'

조직 구성원이 집중력 있게 끝까지 해내는 힘을 기르기 위해서는 '시작이 반이다.'라는 말보다는 '끝에 가서야 반이다.'라는 말이 좀 더 유용할 듯하다. 사장이 업무 집중도를 높이면, 조직은 그곳을 향해 집중력을 높여 나아갈 수 있다

3

직원과 사장, 자유로운
소통이 가능할까?

〈《정관정요》에 나온 직원들이 사장 앞에서 말하지 않는 이유〉

회사를 운영하려는 사람이라면, 누구나 한 번쯤 경영에 관한 책을 읽어보거나 혹은 경영에 도움이 되는 기사를 찾아봤을 것이다. 그러한 책이나 기사에서 전문가들이 가장 강조하는 전략 중 하나가 소통과 토론이다.

서로가 아이디어를 내서 활발하게 토론하고 사장과도 수평적으로 소통한다면 그보다 사장에게 힘이 되는 일이 있을까? 설사 사장은 힘든 일이 있더라도 '이렇게 열심히 하는 직원들이 있는데, 내가 더 열심히 하지 않을 수 없지.'라고 다짐하게 된다.

문제는 정반대 경우다. 직원들이 매일 일을 하긴 하는 것 같은데, 토론이나 소통을 별반 찾아볼 수 없다. 개별적으로 면담을 해봐도 '네, 아니요.' 정도로 단답형으로 끝나니 더 답답하다.

차라리 면담을 하지 않으니만 못한 것 같다. 그렇지 않아도 힘든 사장의 일인데, 이때는 더 외롭고 고독하다. 그들의 이러한 모습을 바꾸려면 왜 그들이 토론과 소통을 하지 않는지부터 알아야 한다.

요즘 직원들은 왜 다들 아무것도 말하지 않을까?

우리는 일단 질문부터 바꿔야 한다. '왜 우리 회사 직원은 활발한 토론과 소통을 하지 않을까?'라고 물어서는 안 된다. 이렇게 하면 우리 회사 직원들의 성향을 따지게 되고, 그 성향에서 원인을 찾으려고 하기 때문이다. 결국 이런 결론으로 이어진다. '원래 별로 토론을 안 좋아하나 봐.', '원래 소통을 많이 하는 스타일이 아닌가 봐.'이런 진단에서는 어떤 해법도 소용이 없다. '원래' 그런 사람인데 뭘 어떻게 하겠는가?

그러나 '원래' 소통과 토론을 좋아하지 않는 사람은 없다. 사람은 그 자체가 이미 본능적으로 토론하고 소통하는 존재이기 때문이다. 페이스북과 인스타그램, 카카오톡이 오늘날 거대 기업이 된 이유도 바로 소통과 토론을 좋아하는 사람의 본능을 사업의 영역으로 끌어들였기 때문이다. 사람은 끊임없이 대화를 원하고 자신의 상태를 알리고 상대방에게 관심을 가진 존재다.

그것은 마치 우리가 늘 밥을 먹어야 하는 것과 동등할 정도의 본능이라고 해도 과언이 아니다. 따라서 '원래 토론이나 소통을 좋아하지 않는 사람'은 없다. 단지 그 토론에 관심이 없거나, 소통하고 싶지 않기 때문이다. 따라서 우리는 질문을 이렇게 바꿔야 한다.

'왜 우리 회사는 토론과 소통을 할 수 없는 환경에 놓여 있을까?'

아이러니하게도 이런 환경 조성에서 가장 큰 비중을 차지하고 있는 사람은 바로 사장 그 자신이다.

중국의 황금기를 이끌었던 당나라 태종의 언행을 다룬《정관정요》에 이런 질문과 대답이 나온다. 태종이 충신으로 알려진 위징에게 이렇게 물었다.

"요즘 신하들은 왜 다들 아무것도 논하지 않는가?"

"사람의 능력과 재능은 각자가 모두 다릅니다. 나약한 사람은 속마음이 충직해도 능히 간언하지 못하고, 관계가 소원한 사람은 '폐하가 아직 나를 믿어주지 않는다.'라며 두려워서 말을 하지 못합니다. 지위나 돈을 생각하는 자는 자신에게 이롭지 않으리라 생각해 굳이 입을 열려 하지 않을 것입니다. 모두 침묵하고 윗사람과 주변에 동조하면서 지내는 것입니다."

위징의 말에서 등장하는 토론하지 않는 3가지 이유는 각기 다르지만, 사실은 모두 사장을 문제 원인으로 지목하고 있다.

첫 번째, '나약한 사람'이라는 판단은 상대적이다. 나약하지 않은 일반적인 사람이라고 하더라도 사장의 자기주장이 너무 강하고 굳세면 그 앞에서는 누구나 '나약한 사람'이 돼 토론과 소통에 올바르게 참여하지 못하게 된다.

두 번째, '사장이 나를 믿어주지 않으니 내가 말하면 뭐하겠어?'라고 말하는 부류는 명백히 사장에게 잘못이 있음을 말한다.

세 번째, 자신에게 이롭게 않다고 생각해서 토론과 소통을 하지 않는 부류도 결국 사장이 그런 자세를 만들어 냈다고 볼 수 있었다. 이런 사람은 과거 토론과 소통을 했다가 자신에게 불리하게 상황이 전개되는 경험을 했을 것이 뻔하다. 예를 들어 사장으로부터 "그런 게 말이나 되나?", "그렇게 하면 절대로 안 되니 내 말대로 해."라는 말을 들어본 사람은 사장과의 소통이 자신에게 이롭지 않을 것이라는 확신을 하게 된다.

직원들 사이에 활발한 토론과 소통이 사라진 것은 그들이 '원래' 그런 것이 아니라 사장이 그런 환경을 만들었기 때문이다.

사장이 가진 '전능감'이 문제다

중요한 것은 왜 사장이 소통과 토론이 안 되는 환경을 스스로 만들어 놨냐는 점이다. 이럴 때는 흔히 '사장이 독선적이어서, 너무 오만해서, 직원들을 무시해서.' 그렇게 됐다고 진단할 수 있다. 그러나 독선적이지 않고, 오만하지도 않고, 직원들을 무시하지 않는 사장도 그런 환경을 만들 수가 있다.

그 이유는 사장이라는 존재 자체가 이미 토론과 소통을 방해하는 '전능감(全能感)'을 갖추고 있기 때문이다. 전능은 '어떤 일에나 못함이 없이 능하다.'라는 의미다. 말 그대로 신(神)만이 할 수 있는 일이다. 따라서 사람이 가진 전능감이란, 정신의학적으로는 '전능통제Omnipotent Control'라고 불리는 것이다. 이것은 실제 못 하는 것이 없다는 의미가 아니고 '내가 외부의 요인들을 통제할 수 있다.'라는 믿음으로 구성돼 있다.

'내가 열심히 노력한다면, 내가 시장의 흐름을 읽을 수 있다면, 나에게는 기술력이 있으므로, 나는 예전에도 성공했던 경험이 있어서.' 충분히 상황을 통제할 수 있다는 믿음을 가지는 것이다. 이것은 오만이나 독선, 혹은 타인에 대한 무시와는 결이 다르다. 그렇기 때문에 겸손한 사람도 전능감을 가질 수 있고, 직원들을 존중하는 사람도 전능감을 가질 수 있다.

겸손이나 존중은 겉으로 드러나는 인격적 표현일 뿐, 전능감은 자신의 내면을 지배하는 강력한 힘이다. 문제는 사실 이런 전능감이 없는 사람은 회사를 창업하지도 못하고, 경영을 해나가기 쉽지 않다는 점이다. 사업에서 생기는 수많은 변수를 견디고 싸워나갈 맷집이 없다면 사장이라는 타이틀은 아예 원천적으로 불가능하다.

사장 내면에 있는 전능감은 언제든지 직원 말을 무시하도록 만들고, 자신의 고집을 꺾고 싶지 않고 싶은 욕망을 만들어 낸다. 그리고 이러한 전능감이 직원들을 향해 조금씩 드러날 때, 비로소 직원들은 "사장님은 나를 믿지 않아.", "내가 말해봤자 소용없더라고."라는 말을 하게 된다.

직원들은 겸손하고 소통을 원하는 사장의 말에 처음에는 귀를 기울이지만, 마치 아우라처럼 퍼져 나오는 그 전능감에 숨이 막히고 만다.

사장의 경험에는 무엇인가를 이뤘던 성취감이 있다. 그 성취감에 사장은 도취하게 된다. 이게 사장의 전능감이고, 이 전능감으로 인해 자신도 모르게 직원의 말을 듣지 않게 된다.

사장이 전능감에서 벗어날 수 있는 방법은?

사장은 직원이 없이 할 수 있는 일이 하나도 없음에도 불구하고, 마치 자신이 모든 것을 이룬 것 같은 착시현상에 사로잡힌다. 어쩌면 사업을 시작하게 된 계기도 누군가로부터 아이디어를 얻었을 것일 수도 있다. 또 경력을 쌓기까지도 수많은 사람의 도움을 얻었을 것이다. 홀로 독자적으로 이뤄낸 것은 없다. 그런데도 전능감은 과거의 흑역사를 지우고, 현재의 직원들이 이룬 성과를 사라지게 만든다.

사장이 전능감을 내려놓고 직원의 말에 귀를 기울이고, 그들의 말을 충분히 받아들인다면, 직원이 토론과 소통을 거부할 리 없다. 직원은 과거에도 현재에도 미래에도 그들은 사람의 본능에 따라 사장과 열렬한 소통을 원하고 있기 때문이다.

모든 직원을 공론의 장으로 불러내기 위해서는 결국 자신의 부족함을 인정하고, 흑역사를 되돌아보고, 회사가 지금까지 이뤄낸 성과가 매일 매일 힘겹게 출근하는 직원에게 달려 있음을 인정해야 한다. 이럴 때 비로소 사장은 자신의 전능감이라는 유혹에서 벗어날 수가 있게 된다.

앞서 언급했던 당 태종의 또 다른 이야기 속으로 들어가 보자. 그는 자타가 공인하는 당대 최고의 명궁이었다. 어릴 때부터 장난감처럼 활을 쏘기 시작했으니, '활에 대해서는 나만큼 잘 아는 자가 없다.'라는 자신감을 가질 만도 하다.

그런 그가 하루는 좋은 활 10개를 얻어 활을 만드는 궁공(弓工)에게 보여줬다. 그랬더니 궁공은 "전부 좋은 활이 아닙니다." 라고 말했다. 당황스러운 태종이 물었다.

"도대체 그 이유가 뭐요?"

"활의 목심(木心·나무줄기의 한 가운데에 있는 연한 부분)이 바르지 못해 나뭇결이 곧지 않습니다. 이런 활은 아무리 단단하고 강하다고 하더라도 화살이 똑바로 나가지 않아 좋은 활이 아닙니다."

그 이후 태종은 깨달은 바가 있어 신하 소우에게 말했다.

"짐은 그때 비로소 깨달았다. 활과 화살로 천하를 평정했기에 활을 사용하는 일은 실로 많았지만, 활의 기본적인 원리조차 알지 못한다는 사실을. 짐은 천하를 얻은 지 얼마 되지 않았다. 정치하는 것도 초보로 활만큼도 알지 못한다. 하물며 활에 대한 지식이 이 지경인데 정치는 오죽하겠는가?"

당 태종은 그 순간 자신의 전능감을 내려놓고 겸손한 자세로 자신을 낮출 수 있었다. 하지만 오해하지 말아야 할 게 있다. '전능감을 내려놓는다.'라는 것과 '자신감을 잃는다.'라는 것은 다른 의미라는 점이다.

이미 사장의 자리에 오르겠다고 결심했거나, 힘들어도 그 자리를 유지해왔다면 자신감을 가지기에는 충분하다. 하지만 그 자신감이 '늘 내 생각과 판단은 탁월해.'라는 마음으로까지 이어져서는 안 된다. 늘 자신의 의견보다 더 탁월한 의견이 있으리라 생각할 때 비로소 직원들의 소통 통로가 활짝 열린다.

직원의 능력과 재능은 각자가 모두 다르다. 심성이 나약한 직원은 아이디어가 있어도 감히 말하지 못하고, 사장과의 관계가 불편한 사람은 '사장이 아직 나를 믿어주지 않는다.'라며 두려워서 말하지 못한다. 연봉 인상이나 승진을 생각하는 직원은 자신에게 이롭지 않으리라 생각해 굳이 입을 열려 하지 않는다. 이 모든게 사장의 전능감 때문이다. 전능감을 내려놓기 위해서는 지금까지 이룬 성공이 오로지 자신의 힘으로만 이뤄진 게 아니라는 사실을 먼저 알아야 한다

소통, 자신을 세상과 조율하는 능력

사장이 직원들과 소통한다는 것은 곧 자신을 세상과 조율하는 능력을 키우는 일이기도 하다. 이를 위해서는 다양한 직원들의 의견을 가감 없이 들어야 할 필요가 있다.

자신이 좋아하는 부하, 듣기 좋은 말만 하는 부하의 말에만 귀를 기울인다면 이는 아무리 소통을 해도 결국에는 다시 편견의 제자리로 돌아오는 일에 불과하다. 한마디로 '묻지도 따지지도 않고' 되도록 많은 사람의 의견을 들어야만 한다.

《사기(史記)》에 교주고슬(膠柱鼓瑟)이라는 사자성어가 나온다. '기둥(안족)을 아교로 붙이고 거문고를 탄다'는 의미다. 거문고에는 '안족(雁足)'이라는 거문고 줄을 떠받치는 조그만 기둥이 있다. 이리저리 옮겨가며 소리를 맞추기 위한 도구다.

거문고 줄은 한 번 잘 맞춰 놓아도 시간이 흐르면 다시 맞춰야 할 필요가 있는데, 이때 안족을 움직이며 최상의 소리를 맞춰야 한다. 그런데 한 번 소리가 잘 맞았다고 해서 이 기둥을 아교로 붙이고 거문고를 탄다면 앞으로는 제대로 된 연주하기 힘들다.

사장이라면 이제 어느 정도는 세상을 바라보는 눈도 있고 나름의 안목도 있을 것이다. 그런 자신의 관점과 안목이 지금까지 옳다고 해서 마음속 깊이 아교로 붙여버리면, 앞으로 기업을 운영하기 힘들게 된다.

여러 사람의 의견을 들으며 계속해서 생각을 수정해나가지 않는다면, 이는 거문고 기둥에 아교를 붙여버리는 꼴이나 마찬가지다.

이렇게 되면 자신과 세상을 조율하는 능력을 잃게 되고 독선에 빠질 가능성이 매우 커지게 된다. 소통은 회사를 더 강하게 하는 일이지만, 사장인 자신도 더 유연하게 발전시키는 계기가 될 수 있다.

4
조직 내 갈등, 대처하는 방법이 있을까?

◀ 원효대사가 '모두가 옳고 또 모두가 틀리다'라고 한 까닭 ▶

사장 입장에서 가장 이상적인 조직 모습은 '화합과 단결'이 강물처럼 넘쳐 흐르는 모습이다. 서로의 실수마저 감싸고 보듬으면서 힘을 합쳐 나아가는 모습은 그 자체가 매우 아름다운 모습이다. 그러나 회사라는 조직은 '이질적인 것들의 전쟁터'라고 해도 과언이 아니다.

사장의 생각과 직원의 생각이 서로 다르고, 직원들 간에도 일하는 스타일이 다르다. 회의 시간에는 의견이 중구난방이며, 그게 아니면 눈치 보기 일쑤여서 도대체 활력이 제대로 도는 것 같지도 않다.

그러다 보면 결국 사장은 '내가 이러려고 사장하나.'라는 말을 고독하게 되씹지 않을 수 없다. 그러나 진정한 화합과 단결은 각자가 모두 다르다는 것을 인정하는, 그래서 얼핏 매우 역설적이고 애매한 상태에서 단단하게 만들어지는 것이라고 할 수 있다. 그런 점에서 우리는 화합과 단결 이면에 있는 애매함과 이질적인 것들의 혼란을 제대로 볼 수 있어야 한다.

'꼰대'와 '요즘 것'들이 소통하는 방법

조직에 갈등이 생기고 서로 간 믿음이 깨지는 근본적인 원인은 상대방을 특정한 카테고리로 묶는 데 있다. 직원은 상사를 '꼰대'라고 낙인찍고, 상사는 직원을 '요즘 것들'이라고 동일화해버린다. 이런 상태에서는 개별적인 스타일이 뭉개지고, 상대방에게 막연한 경계심과 예민함을 가질 수밖에 없다.

이렇게 되면 상사와 사장들은 때로 제 발 저린 상황에 맞닥뜨리곤 한다. 부하에게 충고하려고 하거나 혹은 일을 가르치고 싶어도 '호랑이 담배 피우던 시절 이야기에 무슨 오지랖이 그렇게도 넓은지!'라는 환청이 먼저 들린다.

그래서 서둘러 자신의 행동을 제어하게 된다. 이러한 제 발 저림 때문에 "요즘 직원들하고는 어떻게 이야기해야 하는지 도통 모르겠어. 차라리 결과로 신상필벌을 할 수밖에."라고 토로하는 사장들이 적지 않다.

이러한 분위기는 오히려 직장 내 소통을 가로막고 의사소통 정체를 부를 뿐이다.

조직 내 이런 분위기를 타파하기 위해서는 우선 사장이 만들어가는 '아우라Aura'가 중요하다. 독일 철학자 발터 벤야민Walter Benjamin은 아우라를 '(예술작품에서) 흉내 낼 수 없는 고고한 분위기'라고 정의했다. 화합과 단결을 만들어나가려는 사장의 아우라가 빛을 내는 한, 직원들은 마치 연예인에 경도되듯, 사장의 아우라 속에서 화합과 단결을 만들어나갈 수 있다.

원효대사는 모든 것은 마음에 달렸다는 일체유심조(一切唯心造)의 소중한 지혜를 남겼다. 그는 '개시개비(皆是皆非)'라는 한편으로 오묘하면서 또 한편으로는 명쾌한 진리도 남겼는데, 이 말은 우리가 일상적으로 사용하는 '시시비비(是是非非)를 따진다.'라는 말에 정면으로 도전하는 도발적인 사고다.

시시비비는 '옳은 것은 옳고, 그른 것은 그르다.'라는 뜻이다. 반면 개시개비는 '모두 옳고, 모두 그르다.'라는 의미다. 일방적인 상식에서는 쉽게 접할 수 없는 논리다. 그래서 개시개비는 한 고승이 우리에게 던지는 마치 신비로운 화두와 같은 것으로 느껴질 수도 있다. 하지만 현실적으로 그다지 어려운 말이 아니다. 궁극적으로 말하고자 하는 것은 '우리는 모두 진리의 한 부분은 알고는 있지만, 그것이 진리의 전부는 아니다.'이다.

직원 A가 코끼리 다리를 만지고 "코끼리는 기둥을 닮았습니다."라고 묘사한 말도 맞고, 직원 B가 코끼리 코를 만지고 "코끼리는 뱀과 같습니다."라고 묘사한 말도 맞다. 각각 부분적인 진리이기에 모두 맞지만, 그것만으로는 틀린 것이기도 하다. 이것은 사장과 직원 모두에게 해당한다. 누구 말이던, '일정한 진리이기는 하지만, 그것이 진리의 전부는 아니다.'라고 할 수 있다.

이 개시개비를 마음이 새기게 되면, 그때부터 '진리의 콜렉터'가 돼 열심히 타인의 의견을 경청할 수 있다. "네가 뭘 알아?" 같은 거친 언사나 생각이 사라지고 하나의 조각이라도 더 얻어내기 위해 상대를 소중하게 여기게 된다. 여기서 조금, 저기서 조금 진리를 캐서 하나로 맞춰간다면 사장은 최적의 방향을 만들어 낼 수 있다.

반면 일방적인 시시비비의 자세만 가지고 있다면 원래 있던 일부 진리마저 '너는 틀렸어.' 하며 배척하게 되는 결과를 낳게 된다. 결국 이렇게 되면 조그마한 진리마저 놓쳐버리게 되고, 이는 사장의 손해일 따름이다.

직원 말을 일단 받아들이고 시작하면 소통이 된다

원효대사가 말한 개시개비에서 한 걸음 더 현란하게 들어간 사람이 있으니, 그가 장자(莊子)다. 그 역시 호접지몽(胡蝶之夢), 즉

'내가 나비인지, 나비가 나인지 알 수 없다.'라는 애매모호한 말을 남긴 인물이다. 오늘날 논리로 보면 참 모순적으로 보이지만, 그가 남긴 다음과 같은 말에서는 옳고 그름의 세계에 관함 아찔함을 느낄 법도 하다.

"내가 자네와 논쟁을 했다고 가정해보세. 자네가 이기고 내가 자네에게 이기지 못했다면, 자네가 옳고 내가 옳지 못한 것일까? 내가 자네를 이기고 자네가 내게 졌다면, 내가 옳고 자네가 옳지 못한 것일까? 한쪽이 옳고, 다른 한쪽은 그른 것일까? 우리가 둘 다 옳거나, 둘 다 그른 것일까? 그런 것은 나나 자네나 알수 없네.

무릇 모든 사람이란 나름의 편견을 가지고 있거늘, 우리가 누구를 불러 그것을 판단케 하겠나? 만약 자네와 의견이 같은 사람더러 판단해 보라고 하면, 그는 이미 자네와 의견이 같은데, 올바로 판단할 수 있겠나? 나와 의견이 같은 사람에게 판단해 달라고 한들, 올바로 판단할 수 있겠나? 그렇다고 나나 자네와 의견이 다른 사람에게 판단해 달라고 한들, 어찌 올바로 판단할 수 있겠나? 그러니 나나 자네, 그리고 다른 사람들까지 모두가 알 수가 없지. 그런데 누구에게 의지하겠나?"

그의 말을 따라가다 보면 정말이지 이 세상은 우리 인간의 힘으로는 이해할 수 없는 불가해한 세계가 된다. 장자는 '우리는 옳고 그름을 알 수 없다.'라고 말하려던 게 아니다. 오히려 '타인의 의견을 겸손하게 받아들이라.' 한 것이다. 일단 누가 옳은지 그른지 알 수 없으니, '일단 받아들이고 시작하라.'라는 말로 볼수가 있다. 바로 여기에서 우리는 '진정한 소통'의 본질을 생각해볼 수 있다.

일반적으로 소통이란 두 사람이 대화를 통해 서로를 이해하는 것으로 알고 있다. "우리는 참 잘 통해."라는 말 역시 각자가 상대방을 잘 이해하고 받아들이는 협력하는 것으로 보인다. 하지만 이러한 협력이 있기까지는 우선 '내 의견에 대한 완전한 포기'가 전제돼야 한다.

예컨대, 사장은 '회사는 내가 월급을 받아가는 곳일 뿐'이라는 직원의 생각을 이해하기 쉽지 않다. 다소 서운하고, 더 나아가 비정한 세상의 단면을 느낄 수도 있다. 그래서 사장은 '아니야, 회사는 서로 협력하고 단결해서 함께 꿈을 이뤄나가는 곳이야. 우리 회사가 잘 되면 내가 너한테 얼마나 잘해주고 싶은지 알아?'라고 말하고 싶은 충동을 강하게 느끼지만, 사실 그렇게 말해봐야 직원에게는 별 소용이 없다.

아직 회사가 얼마나 잘 될지 알 수도 없는 상태인 데다, 설사 그렇다고 하더라도 '잘해주고 싶은 마음'이 어느 정도인지도 모르기 때문이다.

그래서 사장이 먼저 해야 할 일은 자기 생각을 완전히 접어둔 채 '왜 그 직원은 그렇게 생각할까?'라고 질문하며, 직원 처지에서 충분히 생각해야만 한다. '그래 맞아. 회사가 별거야? 직원 처지에서는 그냥 월급이나 벌어가는 곳이지!'라고 스스로 생각할 수 있어야만 한다.

서로 마음이 통한다는 '소통'이라는 말은 참 아름다워 보이지만, 사실 그 이면에는 자기 생각과 프레임을 포기해야 하는 고통스러운 과정을 겪어야 한다. 자기 생각을 전면 부정해야 하고, 서운함도 감내하고, 비정한 세상의 원리도 인정해야만 하기 때문이다. 그러한 고통을 겪은 뒤에 비로소 이뤄지는 게 '아름다운 소통'이다. 고통 없이 이뤄지는 소통은 그저 자신의 발톱을 감춘 채 타인의 속내를 알아내기 위한 전략적 대화일 뿐이다.

사장이 할 일은 고집스러운 자아를 파괴하는 일

조직원끼리의 화합과 단결도 같다. 갈등과 신뢰의 붕괴라는 위기에 직면했을 때, 사장은 '내가 이러려고 사업하나.'라며 자조할 게 아니라 개시개비의 정신으로 자신을 억누르고 직원의 진리를 조금씩 모으려는 자세를 발휘해야 한다. 타인의 의견을 겸손하게 받아들이라는 장자의 논리를 떠올릴 수 있어야 한다. 사장이 이러한 모습을 꾸준하게 보여주며 아우라를 만들어 낼 때, 비로소 이 정신은 조직 전체로 확산하게 된다. 그러면 직원들도 마찬가지 방식에 적응하게 될 것이며, 그것이 조직문화의 암묵적인 질서가 되면서 '화합과 단결'을 완성할 수 있다.

고통 속에서 만들어지는 사장의 이러한 아우라는 조직을 잘 관리할 방법이기도 하지만, 동시에 회사의 혁신을 끌어내는 훌륭한 자질을 갖추는 것이라고 볼 수가 있다.

피터 드러커, 마이클 포터와 함께 세계 경영학계의 3대 구루로 꼽히는 톰 피터스는 CDO라는 매우 이색적인 개념으로 기존 CEO라는 말을 대체하자고 주장했다. CDO는 'Chief Destruction Officer'를 줄인 말로 '최고 파괴자'라는 의미다.

여기에서 파괴의 대상은 관행적인 비즈니스 스타일이나 과거에 얽매인 사고방식만이 아니다. 그것은 상식을 파괴하고 '역설을 받아들이는 능력'의 하나다. 앞에서도 언급했지만, 직장이라는 것 자체가 '이질적인 사람과 이질적인 생각들의 총집합체'이기 때문이다.

이런 서로 다른 것들 사이에서 오로지 사장의 생각만 강요하지 않고 다른 이들의 말을 받아들이고, '옳고 그름'에 대한 논리적 모순을 받아들일 수 있을 때, 사장은 고집스러운 자아를 '파괴'하고 혁신의 선두에 설 수가 있다.

가장 이상적인 조직의 모습인 '화합과 단결'은 사장이 직원들에게 요구해서 만들어질 수 있는 것이 아니다. 거꾸로 사장이 먼저 고통을 감내하고 서로 다른 의견을 받아들이는 아우라를 만들고, 그것을 회사 전체로 확산할 때에 가능한 일이다.

◆── 사장을 위한 인문학 ──◆

직원을 대할 때, 시비비(是是非非)하고 있는가? 개시개비(皆是皆非)하고 있는가? 시시비비는 옳은 것은 옳다고 하고, 그른 것은 그르다고 한다는 뜻이다. 반면 개시개비는 '모두 옳고, 모두 그르다.'라는 의미다. '옳고 그름'에 대한 논리적 모순을 받아들일 수 있을 때, 비로소 사장은 고집스러운 자아를 버리고 혁신의 선두에 설 수가 있다.

5
상 주고 벌을 내리면
동기부여가 될까?

◀ 손자는 상과 벌을 남발하는 것에 대해 이렇게 정의했다 ▶

'사장이 회사에서 해야 할 단 한 가지의 일'을 꼽으라고 하면, 그것은 단연 직원들에 대한 동기부여가 아닐 수 없다. 열정으로 활활 타오르는 직원 모습은 보는 것만으로도 흐뭇할 뿐만 아니라 그 직원으로 인해 온갖 난관을 불평불만 없이 스스로 헤쳐나갈 수 있기 때문이다.

그런데 적지 않은 사장들이 이 동기부여에 관해서 착각과 오해를 하고 있다. 가장 큰 오해는 '신상필벌을 엄격하게 해야 한다.'라는 믿음이다. 이는 아주 오래되고 확고하게 자리 잡고 있어서 대부분 회사가 이러한 시스템을 만들어 놓곤 한다. 하지만 신상필벌은 때로 부작용을 만들기도 하고, 그것 하나만으로는 온전한 효과를 발휘하지 못한다.

　사람은 이기적이면서도 때로는 지혜로우므로 '잘하면 상을 주고, 못하면 벌을 준다.'라는 단순 논리만으로 움직이기 힘든 존재이기도 하다.

상과 벌은 사장 중심의 논리다

1800년대 중반, 영국의 지배를 받던 식민지 인도에서는 코브라가 자주 출몰했다. 영국 정부는 이 코브라를 잡아 오면 포상금을 지급하겠다는 정책을 발표했다. 그러자 한때 코브라가 급격하게 줄어드는 모양새를 보였지만, 이상하게도 끊임없이 코브라가 잡혀 왔다. 어느 정도 잡으면 개체 수가 줄어들어 코브라가 박멸되기를 기대했던 영국 정부에게는 이상한 일이 아닐 수 없었다. 이에 면밀한 조사를 하자 상상도 하지 못한 일들이 벌어지고 있었다. 인도인들은 포상금을 노리고 아예 코브라 농장을 운영하고 있었다. 영국 정부의 '보상'이라는 것이 오히려 장삿속을 발동시킨 계기가 됐다.

　포상금이 아닌 벌금이 무력화된 사례도 있다. 경제학자 그니지Gneezy와 러스티치니Rustichini가 발표한 연구결과다. 이스라엘에 있는 어린이집을 대상으로 저녁에 자녀를 늦게 데리러 오는 부모에게 벌금을 물리게 했다. 벌금을 내라고 하니 당연히 아이를 제시간에 데리러 올 것이라고 예상했지만 결과는 전혀 달랐다. 사람들은 '그럼 벌금 낼 건 내고, 좀 더 늦게 아이를 데리러 가지 뭐.'라고 생각했다. 예전에는 교사에게 미안해하던 학부모도 벌금을 내니 아이를 늦게 데려가도 오히려 당당했다.

상금과 벌금은 동기를 부여하기 위한 대표적인 신상필벌 시스템이다. 그 원리가 너무도 명쾌하고 간단해서 사람들은 복잡하게 생각하지 않아도 될 것 같기도 하다. 그러나 사람들은 상금과 벌금마저도 자신에게 유리하게 역이용하는 지혜로움(?)을 갖고 있다.

이러한 방식의 동기부여를 정면으로 반박한 사람이 미국의 유명 교육학자이자 심리학자인 알피 콘Alfie Kohn이다. 그는 '보상은 전혀 도움이 되지 않는다.'고 주장하는 대표적인 인물이다.

그는 사람들이 기대한 만큼의 보상을 받지 못하게 되면 오히려 그것을 벌로 받아들이게 되고 마치 자신이 그러한 보상 체계안에서 조종당했다는 느낌을 받게 된다고 말한다. 또한, 보상을 위해 경쟁하다 보니 인간관계를 해치고 내적인 진정한 의미의 동기를 오히려 사라지게 만든다고 말한다.

이러한 상과 벌의 속내를 알아차린 사람이 있었으니 바로 손자(孫子)였다. 그는 이렇게 말한다.

"상을 남발하는 것은 사정이 급하다는 뜻이요, 벌을 남발하는 것은 상황이 딱하다는 의미다."

사실 어떻게 보면 이 '신상필벌'에 대한 믿음은 지극히 사장 중심의 관점일 수도 있다. 직원 개개인에게 일일이 신경을 쓰고 그들의 문제를 해결해주지 못하다 보니까 단순하면서도 강력한 원리, '잘하면 상을 주고, 못하면 벌을 내린다.'라는 것으로 모든 문제를 해결하려고 한다. 그러나 앞에서 살펴봤듯, 사람들은 상금을 돈벌이로 활용하고 벌금을 오히려 속 편하게 생각하면서 당당하게 내기도 한다.

회사보다 편의점을 선택한 청년

특정한 상황에서 주어지는 상금이나 벌금뿐만 아니라, 자신이 정당하게 버는 돈에 대해서도 사람들은 다소 의아한 태도를 보이기도 한다.

실제 한 소규모 게임회사 면접장에서 일어났던 일이다. 신입사원을 뽑는 자리에서 한 청년은 사장에게 물었다.

"혹시, 입사하게 되면 한 달 월급이 얼마나 될까요?"

그 회사는 대략 신입 초봉이 월 250만 원으로 동종업계 평균보다는 약간 높은 수준이었다. 사장은 '그래도 이 정도면 되지 않냐?'라는 표정으로 자신 있게 말했다.

"월 250만 원인데, 비슷한 처지의 게임회사에 비하면 절대 낮은 편은 아니죠."

하지만 입사 지망생의 표정은 다소 실망스러워 보였다.

"아···. 그런데 제가 편의점 아르바이트를 해도 한 달에 그 정도는 벌 수 있는데···. 회사에 들어가게 되면 옷도 신경 써야 하고, 상사들 눈치도 봐야 하고, 아침에 일찍 시간 맞춰 일어나야 하고···. 그러면 차라리 편의점 아르바이트가 낫겠습니다!"

면접은 끝났고, 사장은 황당했다. 편의점 아르바이트로 그렇게 많은 돈을 번다는 새로운 사실도 알게 됐지만, 그렇다고 회사가 아닌 편의점을 선택할 줄을 몰랐기 때문이다.

이 장면에서 우리는 청년의 태도를 비난할 수도 있다. '그렇다고 평생 아르바이트만 할 수는 없잖아?', '돈의 액수가 중요한 게 아니라 정상적인 조직 생활을 해보는 게 낫지 않아?'와 같이 말이다. 그러나 관점을 '아르바이트하는 청년'이 아닌 '소규모 게임회사'로 바꿔보면 그 청년의 행동은 충분히 이해가 될 수도 있다. 만약 그 회사가 삼성이나 LG, 혹은 포스코였다면 어떨까? 그는 아마도 150만 원을 받고서라도 입사했을 수도 있다. 대기업은 '돈'이 줄 수 있는 그 이상의 가치를 줄 수 있기 때문이다.

일반적인 사람도 사실은 비슷한 사고방식을 가지고 있다. 같은 250만 원을 받아도 그 돈을 벌기까지의 효율성을 생각한다.

덜 귀찮고, 덜 힘든 방법을 선택하기 마련이다. 하지만 반대로 그보다 적은 돈을 벌어도 또 다른 가치를 얻을 수 있다면 어떨까. 예를 들어 대중 사이에서 유명해진다거나, 혹은 누구에게도 자랑할 수 있는 영광스러운 일이라면 누구든 돈에 개의치 않고 기꺼이 그 일을 선택한다.

사람이 무한정 돈을 원하는 것도 아니다. 돈에 대한 사람들의 심리는 최근의 실험에서도 여실히 드러난다. 지난 2018년에도 듀크대의 연구결과가 〈네이처 인간 행동Nature Human Behavior〉에 게재됐다.

전 세계 164개국 170만 명을 대상으로 하는 광범위한 연구로서 '얼마를 벌어야 행복한가?'와 '그 이상 벌어도 행복한가?'가 주요 주제였다.

인간의 욕망이 끝이 없을 것 같지만, 그 한계 지점은 세계 평균 연간 1억 원이었다. 더 중요한 사실은 이 지점에서는 '소득을 동결해도 괜찮다.'라고 생각할 뿐만 아니라 그 이상의 소득은 오히려 행복 수준을 떨어뜨린다는 사실이다.

이러한 연구결과 역시 인간에게는 돈을 넘어서 추구하는 또 다른 가치가 동기를 부여하고 있다는 사실을 알 수 있다. 신상필벌 시스템으로도 안 되고, '많은 돈'으로도 안 되는 것은 과연 무엇일까?

인간의 심리, 호리지심과 호명지심

명예. 평범한 일상을 살아가는 일반인들에게는 피부로 느껴지는 말이 아닐 수 있다. 흔히 '명예로운 죽음.', '명예를 건 전투.', '명예로운 역사.'와 같은 뭔가 거창하고, 위대한 일에만 '명예'라는 말이 사용된다고 생각하기 때문이다. 그러나 이 명예는 우리가 일생에서 매우 중요하게 생각하는 자존감이나 자긍심보다 조금 높은 차원의 것일 뿐, 그리 대단하고 거창한 게 아니다.

자존감(自尊感)이나 자긍심(自矜心)에는 모두 '자(自)'라는 한 자가 들어간다. 즉 자존감이나 자긍심은 '자기 스스로' 느끼는 긍지와 존귀함을 말한다. 칭찬의 주체가 자기 자신이다.

반대로 명예는 자기 혼자 생각이 아니라 타인이 그 공로나 권위를 인정해주는 것이다. 객관화된 칭찬은 더욱더 강한 임팩트로 다가온다. '나는 정말 소중해.'라는 것보다는 '당신은 정말 소중해요.'가 훨씬 신뢰할 만한 말이기 때문이다.

따라서 명예라는 것은 자신을 넘어 타인이 객관적으로 인정해고 우대해서, 그것이 내면화된 '최상의 심리상태'라고 볼 수 있을 것이다.

고전에서는 인간의 심리를 호리지심(好利之心)과 호명지심(好名之心)으로 분류한다. 전자는 '이익을 좋아하는 마음'이고, 후자는 '명예를 좋아하는 마음'이다. 기본적으로 인간의 모든 선택과 행동은 '돈과 명예' 때문에 이뤄진다고 볼 수 있다. 사장들이 금전적인 보상을 하거나 혹은 엄격하게 징계를 내려도 동기부여가 되지 않은 것은 바로 이러한 호명지명, 즉 명예를 빠뜨렸기 때문이다.

이는 현대 경영학도 인정하는 것이다. 피터 드러커 역시 이렇게 말했다.

"사람은 돈 때문에 일하지 않는다. 일에서의 재미, 의미, 그리고 상위의 목적과 가치의 실현을 위해 일한다. 선진사회일수록 동기는 위를 지향한다."

이 말에서 중요한 것은 '상위의 목적과 가치의 실현'이라는 점이다. 이것이 돈을 넘어서 있는 명예라고 볼 수 있다.

만약 영국 정부가 '코브라를 잡아 오면 보상금을 줄게,'가 아니라 '명예로운 인도국민으로 코브라를 없애고 안전한 나라를 만들자,'고 했으면 어땠을까? 혹은 소규모 게임회사의 사장이 '우리 회사 월급은 평균 이상인 250만 원이야.'라고 말하지 않고 '회사는 작지만 업계에서는 다크호스로 불리는 전도유망한 회사네. 자네가 함께한다면 우리에게 큰 영광일 것 같네.'라고 말했으면 어땠을까?

고대 그리스의 사상가이자 그 유명한 소크라테스의 제자 크세노폰Xenophon은 '세계 최초의 경영학 개론'이라고 불리는《경영론》에서 이렇게 이야기하고 있다.

"만일 노동자들이 주인을 보고서 분발해서, 그들 각자가 더욱 힘을 얻어 일하고, 상대보다 더 열심히 일하려는 경쟁심을 보이며, 각 노동자의 마음속에 명예를 사랑하는 마음이 강렬해질 경우, 저는 그러한 주인이 왕의 품성을 가졌다고 볼 것입니다."[2]

즉, 왕의 품성을 지닌 사장은 직원의 마음에 명예가 생길 수 있게 한다. 이것이 오늘날의 사장들이 직원들의 관계에서 명예를 매우 중요하게 생각해야 하는 이유다. 직원이 일하면서 자부심을 가질 수 있도록, 더 나아가 그것을 객관화해 명예롭게 느낄 수 있도록 해야 한다.

'명예'는 직원들이 가지는 다양한 문제를 해결할 수 있는 종합선물세트가 아닐 수 없다. 직원을 명예롭게 만들기 위해서는 권한의 위임, 자율적인 업무 분위기, 타인에게 존중받고 있다는 느낌, 공정한 평가가 뒤따라야 하고 이것이 이뤄지는 회사라면 입사하는 순간부터 동기부여는 알아서 될 수 있다.

이제까지 보지 않았고 관심도 없었던 직원의 '명예'에 관심을 가져보자. 그들의 명예가 살아날수록, 회사 매출도 뛰어오를 것이다.

---

2 박경귀, '고전특강(137)-성과창출을 위한 신상필벌과 차등보상의 원칙', 미디어펜, 2016

손자(孫子)는 말했다. "상을 남발하는 것은 사정이 급하다는 뜻이요, 벌을 남발하는 것은 상황이 딱하다는 의미다." 동기부여가 생기게 하려고, 무조건 잘한 직원에게 상을 주고, 못한 직원에게 징계를 내리는 것은 옳지 않다. 중요한 것은 명예다. 직원에게 명예가 생기면 동기부여가 알아서 생긴다.

6

퇴사하는 직원이 계속 생길 때, 문제는 어디에 있을까?

◀ 맹자가 부하 직원이 퇴사할 때 행한 3가지 예우 ▶

입사 지원자가 면접에서 떨어져 입사가 거절되면 자존감에 상처를 입는다는 사실은 누구나 예상할 수 있다. 그런데 반대로 멀쩡하게 일 잘하고 있던 직원이 퇴사하면 사장들도 상처를 입는다. 대기업처럼 절대적인 우위에 있다면 상황은 다르겠지만, 그렇지 않은 대부분 사장은 표현하기 힘든 쓸쓸함, 혹은 허무함을 느끼기도 한다.

이 과정에서 사장은 그 퇴사의 이유를 '회사의 문제'에서 찾으려고 하지 않고 '직원의 문제'에서 찾으려는 경향이 강하다. 자신이 만든 회사에 대해 팔이 안으로 굽는 것이다. 너무도 당연한 생각이다.

하지만 비록 고통스러울 수는 있어도, 퇴사의 문제를 철저하게 '회사의 문제'로 생각해 볼 필요가 있다. 직원의 퇴사는 회사를 재점검하고 자체적으로 평가할 수 있는 가장 비정하지만, 가장 절호의 기회이기 때문이다.

퇴사자가 생길 때, 시그널을 읽어야 한다

회사가 창업의 닻을 올리고 순항을 시작하면, 그때부터는 사장이 직원의 문제를 세심하게 들여다보기 쉽지가 않다. 그때부터는 들어오는 돈인 '매출'과 나가야 하는 돈인 '월급'이라는 두 바퀴가 맞물려 들어가기 시작하면서 계속해서 직진의 페달을 밟아야 하기 때문이다.

그런 점에서 사장의 생각은 '경영'에만 초점이 맞춰질 뿐, 정작 중요한 직원의 문제를 서서히 잊히게 된다. 그뿐만 아니라 설사 직원이 퇴사를 통보하더라도, '빨리 누군가 대체해야 할 사람을 찾아야 한다.'라고만 생각할 뿐, '우리 회사에 어떤 문제가 있지?'라고 생각할 여유가 거의 없다.

하지만 회사 내에서 퇴사자가 생기게 된다면, 사장은 그것을 매우 중요한 시그널이라고 여기고 정신을 바짝 차려야 한다.

《정관정요》에는 세 가지 거울에 관한 이야기가 나온다.

"첫째, 구리로 만든 거울은 의관을 다듬어 몸가짐을 제대로 할 수 있게 한다. 둘째, 과거의 역사를 거울삼으면 천하의 흥망, 그리고 왕조가 교체되는 이유를 알 수 있게 된다. 셋째, 사람을 거울삼으면 자신의 장단점을 분명히 알 수 있다."

퇴사자가 알려주는 시그널은 세 번째 거울과 비슷하다. 퇴사자가 사장과 회사의 장단점을 분명하게 알 수 있게 해주기 때문이다. 따라서 사장들은 직원이 그만두는 이유에 대해서 최대한 골몰해서 생각해야 한다. 그리고 거기에서 반드시 현재 시스템의 단점을 찾아내 점검을 해야 한다.

사실 직원이 사장을 떠나는 이유는 매우 간단하다. '이 사장이 운영하는 회사에 계속 다니는 것이 나에게는 손해야.'라는 판단이 섰기 때문이다. 만약 그렇지 않다면 퇴사할 이유가 없다.

이러한 손해와 이익에 관한 계산적 태도는 우리의 삶 전반에 적용된다. 비즈니스 관계는 당연하거니와 손해와 이익에 다소 둔감할 수 있는 친구, 가족, 부부관계에도 어김없이 그 파탄의 끝에는 손해와 이익이 자리 잡고 있다.

페이스북 인사 담당자였던 롤리 골러Lori Goler는 한 빅데이터 기술을 인사 분야에 접목해 〈향후 6개월간 회사에 머물거나 떠날 직원에 대한 예측〉에 대한 글을 발표한 적이 있다.

그에 따르면 회사에서 '경력을 개발하는 데 필요한 실력이나 경험을 얻고 있다.'라고 생각하는 직원은 31퍼센트나 일을 더 즐기고, 33퍼센트 더 자신의 강점을 활용했으며, 37퍼센트 더 자신감을 표출했다고 한다.[3]

이는 자신에게 개인적 이익을 주는 회사에 머물고 더 열심히 일하는 것에 대한 명확한 증거라고도 할 수 있다.

이러한 관점에서만 보면 왠지 사장이 손해 보고 있다는 생각이 드는 것도 사실이다. 회사라는 곳은 사장이 자신 돈으로 설립한 '경력 양성소'가 아니기 때문이다. 또한 그 직원이 좀 더 열심히 일해준다고는 하지만, 그가 퇴사를 통보하고 떠나버리면 그만일 뿐이다.

이때 사장에게 은근히 드는 생각은 '직원이 회사에 출근하는 동안 악착같이 월급 이상의 능력을 뽑아야 한다.'라는 것이다.

사장과 직원은 경쟁 관계다

그렇다면 사장과 직원의 관계도 이렇게 손해와 이익을 두고 계속되는 밀고 당기기를 해야만 하는 관계일까? 그래서 우리는 여

---

3 롤리 골러외 4인, '회사를 그만두는 진짜 이유', 하버드 비즈니스 리뷰, 2018, 3~4월(합본호)

기에서 '회사(사장)와 직원의 관계'에 대해서 한 번쯤 정의하고 넘어가야 한다.

여기에 대해 매우 색다르고 탁월한 통찰이 있다. 바로 미국 기업 액센츄어 한국 독점 파트너이자 디지털 비즈니스 플랫폼인 메타넷의 최영상 회장의 말이다.

그는 회사와 직원의 관계를 '경쟁 관계'라고 규정한다. 서로에게 잘해주기 위한 경쟁, 선순환을 만들기 위해서 '누가 누가 잘하나'를 경쟁해야 한다는 것이다. 사장과 직원을 '선순환적 경쟁 관계'로 정의하기 시작하면 회사에서 사장의 많은 행동이 달라질 수가 있다.

《삼국지》에는 흔히 '간사한 영웅'이라고 불리는 조조의 행적에 대한 많은 이야기가 나온다. 그는 때로는 말 그대로 매우 간사한 처신을 많이 하지만, 가끔씩 매우 이해하기 힘든 행동을 하기도 했다.

조조가 7만 명의 군사로 원소의 70만 대군과 맞닥뜨린 전투 관도대전이 있었다. 군사의 숫자로만 보자면 조조의 군대가 감히 당해낼 수가 없는 상황이었지만, 원소의 결단력 없음과 겉으로만 강해 보이는 기질로 인해 결국 대패하고 말았다.

조조가 원소가 기거했던 장막을 접수하고 보니 그곳에는 몇 가지 기밀문서가 남아 있었다. 그 안에는 자신의 부하들이 원소와 내통한 기록까지 있었다. 당시에는 조조의 군사가 열세였고, 판세가 명확하게 기울지 않은 상태였기 때문에 조조의 부하 중에서 원소와 내통한 자들이 더러 있었다. 그 기록이 남아 있는 문서는 조조로서는 배신자를 찾아낼 수 있는 절호의 기회였다. 실제로 내통한 사람을 철저하게 처단해야 한다는 강경한 조언을 한 참모들이 많았다. 그러나 조조의 해법은 의외였다.

"나 역시도 원소의 세력이 클 때는 그를 감당하기가 절대 쉽지 않았다. 그러니 부하들은 어떻겠는가. 그 문서를 다 태워버리고, 일절 그것에 관해 이야기하지 말라!"

조조의 이러한 대응은 몹시도 파격적이었다. 그리고 그에 대한 평가를 달리되는 계기가 됐다. 적지 않은 원소의 남은 부하들도 조조에게 충성하는 계기가 됐다.

원소의 부하였던 진림(陳琳)도 조조에게 잡혔다. 그는 원소의 참모 중에 문서 작업을 담당했다. 그는 주변의 많은 영웅에게 '천하의 역적인 조조를 죽이기 위해 모든 영웅이 단결하자.'라는 격문을 써서 충동질한 적도 많다. 그뿐만 아니라 조조를 평가해서 문서에 적은 내용이 바로 '비천한 환관의 자식'이었다. 조조에게는 참을 수 없는 모욕이었던 셈이다.

조조는 진림을 앞에 두고 불같이 화를 냈다.

"나를 공격하는 것을 넘어서 어찌 나의 조상까지 욕을 하는가.

왜 그토록 글을 모질게 쓰는가?”

이미 죽기로 결심한 진림이 할 수 있는 말은 별로 없었다.

“내가 하는 일을 화살과 같소이다. 시위를 떠난 이상 과녁을 향해 날아갈 수밖에 없습니다.”

조조의 참모들 역시 진림을 처단하라고 했지만, 조조는 또다시 해법을 달리했다.

“이제부터는 그 재주를 나를 위해 쓰도록 하라!”

조조에게 감동한 진림은 머리를 숙였다.

‘적과 내통한 부하에게 잘해주기’, ‘나를 모욕한 적에게 잘해주기’로 따지자면, 조조가 보여줬던 모습은 더는 견줄 것이 없는 최고난도가 아닐 수 없다. 죽어야 마땅한 자들에게 새로운 삶을 선물하는 것만큼이나 더 힘든 일이 어디 있겠는가. 이런 조조의 모습은 부하와 경쟁에서 이미 이긴 것이라 할 수 있다.

이렇게까지 했는데도 떠나는 직원은 거의 없다

결국 사장과 직원 간의 ‘선순환적 경쟁 관계’라는 것은 바로 이런 모습에서 찾아볼 수 있다. 둘 사이에 ‘손해와 이익’이라는 불안한 요소가 있음에도 불구하고 오히려 마치 ‘오히려 내가 더 잘해줄게.’라는 선순환적 경쟁 관계가 되면 관계의 퀄리티가 달라진다. 오늘날 서로 사랑에 푹 빠진 남녀 중 한 명이 "사랑해."라고 말하면 상대편이 "아니야. 내가 더 사랑해."라고 경쟁하듯 주고받는 것과 크게 다르지 않다.

하지만 이렇게 '잘해주기'에 있어서 사장이 너무 부담스럽게 느낄 필요는 없다. 직원을 생각하는 사장의 마음, 직원의 문제를 해결하려고 노력하는 모습으로도 충분하기 때문이다.

미국 포브스Forbes지 선정 'TOP 25 인력 채용 기업'인 블랙호크사의 리크루터 스티브 본드Steve Bond는 이렇게 말하고 있다.

"중요한 것은 회사가 직원에 대해 신경 쓰고 있으며, 그들의 고충을 해결해 줄 의사가 있음을 알리는 것이다. 직원의 문제를 나의 문제처럼 여기고 해결하려는 노력을 보여줘야 한다. 이렇게까지 했는데도 떠나는 직원들은 거의 없다."[4]

그러나 이렇게 해도 떠나는 직원은 있을 수가 있다. 그때라도 사장은 다른 액션을 취할 필요가 있다.

맹자(孟子)는 휘하에 있던 신하를 떠나보낼 때 대한 '이별의 예우'를 말하고 있다.

---

4   Paul Heltzel, '직원의 퇴사를 시사하는 10가지 신호', CIO, 2018.

◆ 신하가 이유가 있어서 떠나야 한다면 주군은 그를 조용히 국경까지 잘 인도해야 보내야 한다.

◆ 신하가 새롭게 가는 곳에 미리 사람을 보내 떠나는 신하에 대한 칭찬을 아끼지 않아야 한다.

◆ 신하가 떠난 지 3년을 기다려 그때까지 돌아오지 않으면 그때 그에게 주었던 밭과 토지를 회수해야 한다.

오늘날 회사 버전을 바꾸어 보면 퇴사자를 위한 회식을 열어주고, 좋은 평판을 해주고, 심지어 3년은 책상과 의자를 치우지 않고 다시 오길 기다린다는 이야기다. 떠나겠다는 직원이라면 '그래, 잘 살아'. 한마디면 충분할 것을, 마치 경쟁적으로 잘해주기를 마음먹은 듯하다.

이러한 행동이 겨냥하는 것은 떠나는 자가 아닌 남아 있는 사람이다. 만약 사장의 이러한 행동을 보고 있다면, 설사 떠나려고 마음먹었던 사람이라도 다시 생각해볼 것이기 때문이다.

애초에 품성과 인격이 손상돼 있던 직원이 아니라면, 누구나 이러한 '잘해주기'에는 약할 수밖에 없다. 진심과 정성을 다하는 사람을 매몰차게 걷어차는 경우는 그리 많지 않다. 그러나 이 말은 사람의 마음이 처할 수 있는 약한 고리를 건드리라는 얄팍한 조언은 아니다. 선순환의 경쟁 관계라면 '사장과 직원'이라는 사

회적 관계를 뛰어넘어 더 깊은 인간적인 교류를 만들어 낼 수 있
을 것이다.

◆── **사장을 위한 인문학** ──◆

퇴사자가 생기면, 사장의 근심은 깊어진다. 맹자는 휘하의 부하
를 떠나보낼 때, 세 가지 예를 갖췄다. 주군이 직접 국경까지 잘
인도했고, 그 신하가 새롭게 가는 곳에 미리 사람을 보내 신하에
게 대한 칭찬을 아끼지 않았다. 그리고 그 신하를 3년 동안 기다
렸다. 이러한 행동이 겨냥하는 것은 떠나는 자가 아닌 남아 있는
사람이다.

03 유능한 사장은 인문학으로 다가선다

❖ 리더십

사장이 아무리 간절하게 원해도, 직원은 절대로 회사의 주인처럼 일할 수 없다. 그러나 사장 마인드에 따라서 직원은 자신이 가진 능력의 최대치를 발휘하려는 마음을 가질 수는 있다. 믿음이 있고, 상대에 대한 이해가 있고, 자신의 명예심이 있기 때문이다. 따라서 직원을 '월급 주면서 부리는 사람'이라고 여긴다면, 절대로 직원이 가진 능력의 최대치를 이끌어낼 수 없다.

1

직원과 어느 정도 거리를
유지해야 할까?

◀ 거리감의 조절로 완성되는 중용의 리더십 ▶

리더십의 본질은 '사장인 나를 따르게 하는 것'이라고 정의되지만, 정작 중요한 것은 '무엇으로 따르게 할 것인가?'이다.

리더십 연구 역사를 살펴보면, 결과도 때에 따라 달라진다. 언젠가는 '카리스마가 필요하다.'라고 하다가, 또 어떤 때는 '소통이 중요하다.'라고 하기도 했다.

그러다 보니 리더십을 일컫는 용어도 어렵고 복잡하다. 서번트 리더쉽, 스튜어드형 리더십, 참여형 리더십…. 물론 사장 개인적인 스타일이 다르니 그가 선택하는 리더십의 형태도 분명 다를 수는 있다.

이러한 리더십에 대한 고민은 과거의 시대에도 마찬가지였다. 그중에서도 가장 현실적으로 유용한 것은 바로 '거리감의 조절'과 '문(文)과 무(武)의 활용'이라는 점이다.

뭔가 조금씩 부족한 리더십의 형태들

리더십의 가장 큰 두 가지 유형은 카리스마 리더십과 소통의 리더십이다.

전자는 사장이 가지고 있는 개인적인 능력과 영향력을 수단으로 약간 강제적으로 직원을 이끌어 가는 것이다. 그러나 여기에서 '강제'라고 하는 것이 꼭 부정적인 의미만은 아니다. 사장이 내비치는 견고한 의지, 단호한 결단 등은 조직원을 마음으로부터 끌어당기는 매력으로 작용하기 때문이다.

카리스마 리더십 반대편에 있는 게 소통 리더십이다. 조곤조곤 대화하면서 직원과 마음을 맞추고, 이를 통해 직원에게 동기를 부여함으로써 함께 미래로 나아가게 하는 리더십이다. 그런데 이 두 가지 모두 극단적으로 보면 단점이 존재한다.

카리스마로 이끌어 가는 조직의 경우를 먼저 보자. 지난 2017년, 벨기에 연구팀들이 〈하버드 비즈니스 리뷰〉에 발표한 연구 결과에 따르면 카리스마 리더십은 일정한 지점까지는 분명 영향력이 있지만, 그 이상으로는 효과성이 떨어진다는 사실을 밝혀냈다. 그뿐만 아니라 카리스마 특유의 열정으로 타인의 이목을 끌기 위해 과도한 노력을 하다 보니 조직의 임무 수행을 방해할 수도 있으며, 때로는 변덕과 기행으로 변질될 수도 있다는 점도 지적되고 있다.[1]

소통 리더십이라고 해서 꼭 순기능만 있는 게 아니다. 늘 직원의 의견에 귀 기울여야 한다니, '맨날 오냐 오냐 하다가 직원들이 내 말을 안 들으면 어떻게 하지?'라는 걱정도 든다. 실제로 이런 경우에는 적당한 채찍질을 하지 못해 직원들의 업무 집중력이 떨어질 수도 있다. 수많은 의견이 분출하는 상황에서 이를 모두 조화롭게 하기에는 역부족이며, 늘 불평이 상존할 수 있다는 위험성도 있다.

이러한 고민 끝에 탄생한 것이 이 둘을 합쳐놓은 '부드러운 카리스마'라는 말이다. 양측의 장점을 포기하지 않고 모두 하나로 만들고, 각각의 단점은 서로 보완해 놓은 것 같아 훌륭해 보이는 말이기는 하다.

그러나 그 실체가 모호한 면도 있다. 그 의미는 충분히 이해가 가지만, 구체적인 행동 방식을 알 수가 없다. 어떨 때 카리스마를 발휘해야 하는지, 어떨 때 부드러워야 하는지 감을 잡기 쉽지 않다. 그런데도 '부드러운 카리스마'라는 말은 매력적으로 보

---

1 주리 호프먼, 로버트B. 카이저 등, '카리스마, 지나치면 독이 된다', 하버드비즈니스리뷰, 2017.

인다는 점에서 많은 언론에서 리더를 칭찬할 때 쓰고 있다. 그러나 보니 이제는 이 말 자체가 '리더십'의 영역에 속하는 것이 아니라 어느덧 '묘사와 칭찬의 영역'에 속했다는 생각이 들기도 할 정도다.

사장에게 있는 두 가지 무기, 문(文)과 무(武)

《손자병법(孫子兵法)》은 수많은 국가와 부족이 들불처럼 칼을 들고 일어났던 중국 고대의 역사 한 가운데에서 탄생한 병법서이니만큼, 그 통찰의 힘이 대단하다.

그 시대의 영웅들 역시 리더십에 대해 매우 민감한 부분까지 고민했고, 그것을 어떻게 해결할지를 연구했다. 그중에서도 매우 이채로운 조언이 하나 있다. 《손자병법》 제9편 〈행군(行軍)〉에 나오는 내용이다.

'친해지기 전까지는 벌을 줘서는 안 된다.'

언뜻 매우 모순적으로 들리는 것도 사실이다. 벌을 줘야 하는 처지라면 굳이 친해질 필요가 없을 텐데, '친해진 다음에 벌을 주라'니 쉽게 이해가 가지 않는다. 《손자병법》은 그 이유를 이렇게 설명하고 있다.

'병사들과 친해지지 않았는데 병사들에게 벌을 주면 마음으로 복종하지 않는다. 마음으로 복종하지 않으면 부리기가 어렵

다. 병사들과 이미 친숙해졌는데 벌을 주지 않으면 역시 이들을 부릴 수 없다.'

결국, 벌이 최대한의 효과를 발휘하기 위해서는 그 이전에 서로 친밀해진 상태가 돼야 한다는 이야기다. 손무는 '지형(地形)' 편에서도 다음과 같이 다시 강조하고 있다.

'장수가 부하를 너무 후대하면 마음대로 부릴 수 없고, 너무 사랑하면 명령을 내리지 못한다. 군기를 어지럽히는데도 처벌하지 못한다면 마치 버릇없는 자식과도 같아 부릴 수가 없다.'

이 두 가지 손무의 이야기는 리더십에 있어서 '거리감'이 얼마나 중요한지를 알려준다. 그리고 그럴 때, 리더가 어떤 자세를 취해야 하는지를 보여준다. 직원과 친밀하게 지내야 하지만, 너무 사랑해 벌을 줄 수 없을 정도가 돼서는 안 되며, 반대로 친밀하지 않으면 벌을 줄 수도 없다. 요약하자면, 친하지만 너무 사랑하지 않는, 그래서 친하면서도 벌을 줄 수 있는 정도의 거리감이 있어야 한다는 말이다.

이 거리감을 실천적인 방법으로 표현하면 이렇다. '문(文)의 방법으로 명령을 내리고 무(武)의 방법으로 다스려야 한다.' 여기에서 '문으로 다스린다.'라는 것은 사람에 대한 최대한의 예의와 도덕을 갖추고 의리로서 상대방을 대해야 하며, 뭔가를 지시할 때에는 위압적인 태도를 버리고 인격적으로 해야 한다는 말이다. 반면 '무로 다스린다.'라는 것은 통제가 필요할 때에는 이미 정한 규칙과 규율, 위엄으로 대해야 한다는 말이다. 즉, 지시와 명령의 영역에서는 인격적으로, 통제의 영역에서는 엄격함을 갖춰야 한다.

실제로 이러한 원칙을 자신의 삶에서 잘 적용했던 인물이 춘추시대 최초의 전략가이자 전술가인 제나라의 사마양저(司馬穰苴)다.

그가 부하들을 대하는 평소의 행실은 매우 인격적이며, 도덕적이며, 친밀했다. 직급이 높은 장군의 식량을 가져와서 병졸들에게 먹였으며, 숙소와 우물을 친히 살폈고 병이 있는 자에게는 의약품도 공급했다.

나라에서 받는 돈과 식량은 병졸들과 평균적으로 분배했으며, 자신은 병졸 중에서도 가장 직급이 낮은 사람과 동일하게 했다. 이렇게 인자하기만 한 모습을 보이는 그였지만, 또 한편으로는 피도 눈물도 없는 매정한 모습을 보이기도 했다.

제나라를 둘러싸고 진나라, 연나라가 공격을 해왔을 때다. 제나라 군사가 출동했음에도 불구하고 싸움해 패하고 말았다. 제나라의 군주인 경공이 이를 심하게 근심해서 사마양저에게 출동해주기를 권했다. 하지만 사마양저는 자신이 부족하여 병사들이 잘 따르지 않는다며 이렇게 말했다.

"군주께서 총애하시는 충신을 감군(監軍·병사들을 감찰하는 직책)으로 추천해주시면 그와 함께 출동하겠습니다."

그러자 경공은 장가(莊賈)라는 자를 불러들였고 사마양저는 그와 인사 후 다음 날, 정오에 만나서 함께 출동하기로 했다. 그런데 다음 날, 정오에 만나기로 했던 장가가 오후 4시가 넘어서야 술에 취해 비틀거리며 나타났다. 이유는 물어보니 "친척들이 마련해준 송별회 때문에 늦었습니다."라고 답했다. 사마양저는 곧 군법을 담당하는 부하를 불러 물었다.

"군법에서 기약한 시간에 늦게 온 자에게는 어떻게 하라고 했는가?"

군정이 곧 대답했다.

"참형에 해당합니다."

그때 약속에 늦은 장가는 두려움에 사로잡혀 경공에게 사람을 보내 구원을 요청했다. 하지만 사마양저는 그 자리에서 장가의 목을 베어버리고 말았다. 장가가 공경의 충신이며, 공경이 직접 추천한 인물임에도 여지없이 군법을 시행한 것이다.

사마양저의 이러한 두 가지 모습. 자신이 받은 것을 가장 직책이 낮은 병졸과 비슷하게 나누는 인자한 모습, 군법을 어긴 자는 비록 군주가 총애하더라도 목을 베어버리는 모습. 바로 이 두 모습이 문(文)으로 다스리고 무(武)로 통제하는 방법의 전형이다.

이러한 방법은 카리스마 리더십과 소통의 리더십이 가지고 있는 단점을 각각 보완해주는 역할을 한다. 지나친 카리스마로 인한 부작용은 문(文)의 방법으로, 소통의 리더십이 줄 수 있는 통제의 불확실성은 무(武)의 방법으로 견제하는 것이다.

우리는 이러한 리더십을 '중용(中庸)의 리더십'이라고 표현할 수도 있다. 그러나 여기에서 '중용'이란 '중간'이라는 위치상 어정쩡한 것은 아니다. 중용 리더십이란, 어떤 면에서 중용한 한쪽으로 치우치지 않기 위해 끊임없이 날 선 경계를 하고, 넘치지도 모자라지도 않게 적정한 수위를 지켜나가기 위한 치열한 노력의 결과다. 이러한 중용의 리더십이야말로 더욱 역동적이며, 현실에서 살아 숨 쉬는 리더십이 될 수 있을 것이다.

◆── **사장을 위한 인문학** ──◆

손자는 말했다. "장수가 부하를 너무 후대하면 마음대로 부릴 수 없고, 너무 사랑하면 명령을 내리지 못한다. 군기를 어지럽히는 데도 처벌하지 못한다면 마치 버릇없는 자식과도 같아 부릴 수가 없다." 사장과 직원 사이에도 이 거리감이 필요하다. 문(文)의 방법으로 명령을 내리고 무(武)의 방법으로 직원을 대하면 이 거리감을 찾을 수 있다. 그게 중용 리더십이다.

장군이 바뀌었을 뿐인데, 군의 사기가 높아졌다

모든 사장이 '충성스러운 직원'를 원한다. 그러나 '애초에 충성스러운 부하'라는 것은 존재하지 않는다. 양금택목(良禽擇木), '하늘을 나는 새도 나무를 가려서 둥지를 튼다.'라는 의미다. 결국 훌륭한 사장 밑에 충성스러운 부하가 있게 마련이다.

《삼국지》에는 진나라와의 전투에 앞장선 두 리더인 송의(宋義)와 항우 일화가 있다. 처음에 선봉에 선 것은 송의였다. 하지만 적군이 지치기만을 기다리며 공격을 하지 않았다. 그러자 부하들의 사기는 땅에 떨어지고 충성심도 사라질 수밖에 없었다.

보다 못한 항우가 송의의 목을 베고 스스로 상장군이 됐다. 또 타고 왔던 배를 침몰시키고 밥을 해먹을 수 있는 솥단지를 부숴 버렸다. 물러설 수도 도망갈 수도 없는 결사 항전의 의지를 다진 것이다. 그러자 부하들은 사기가 높아졌고, 항우와 함께 진격해 결국 단 며칠 만에 진나라 군대를 무너뜨릴 수 있었다.

따지고 보면 송의의 부하나 항우의 부하는 똑같은 사람들이었다. 하지만 사장이 어떻게 행동하느냐에 따라 부하들의 행동도 완전히 달라졌다. 직원을 탓하거나, 그들의 충성심을 문제 삼기보다는 우선 사장으로서의 자신의 모습을 되돌아봐야 한다. 직원이 충성하길 바라지 말고, 부하가 충성을 바칠만한 사장이 되자.

2

어떻게 말해야 상대를
설득시킬 수 있을까?

◀ 한비자와 귀곡자가 알려주는 설득의 기술 ▶

경영에 있어서 소통(疏通)의 중요성은 두말할 필요가 없지만, 그
것만으로는 다소 아쉬운 면이 있다. 막힌 것이 트이고(疏) 서로
가 통(通)하기는 했지만, 어디로 갈지 방향성은 없다는 점이다.
그래서 소통과 함께해야 할 또 하나의 바퀴는 바로 설득이다. 결
정과 판단은 리더가 하는 것이고 가야 할 비전도 리더가 제시해
야 하기 때문이다. 따라서 서로 막힌 것이 없어진 다음에는 설득
의 과정이 있어야 한다.

　이 설득이란 매우 이성적이고 합리적인 방법에 따른 것으로
생각하기 쉽다. 논리적이어야 하고, 승복할 수 있는 명분을 대어
야 하기 때문이다. 하지만 이 설득에는 생각보다 감정이 많이 개

입하고, 그 설득의 과정에서 상대방의 성향과 감정의 상태를 고려해야 한다. 상대의 감정을 살피는 것을 '눈치 본다.'라고 표현할 수도 있겠지만, 그것은 단순히 기분이 좋고 나쁨을 넘어서는 상대의 근본적인 눈높이와 사는 방식이 참작돼야만 한다.

밀레니얼 세대 직원을 설득한다는 것

밀레니얼 세대는 이제 대부분 회사 조직의 핵심이 됐다. 이미 2017년에 국내의 핵심적인 생산인구의 48퍼센트를 넘어섰고 2025년에는 85퍼센트를 넘어설 예정이다. 따라서 조직 내에서 이들을 설득하기 위해서 그들이 가지고 있는 특성을 알아야 한다. 가장 경계해야 할 것이 바로 '시키면 좀 시키는 대로 해라.' 같은 권위적인 명령이다.

성장과 배움에 대한 욕구가 강하고 일과 삶의 균형을 추구하는 이 세대들은 스스로 이해할 때까지 질문하고, 이해가 되지 않으면 움직이지 않으려고 한다. 요즘의 사장들이 설득력을 길러야 하는 이유는 바로 이런 것 때문이기도 하다.

설득에 관해 한 가지 잘못 알고 있는 게 있다. 그것은 '내가 말을 잘해야 상대가 설득된다.'라는 생각이다. 하지만 내가 아무리 멋있게, 그럴듯하게 말을 한다고 해도 상대방이 수긍하지 않으

면 설득은 무산되고 만다. 상대방이 '마음'으로 받아들이는 과정
이 있어야 한다는 이야기다.

한비자(韓非子)는 이렇게 이야기했다.

"유세의 어려움이라는 것은 내가 알고 있는 것을 말하기 어려
운 것이 아니요, 또 나의 말재주가 나의 뜻을 명확히 밝히기 어
려움에 있는 것이 아니요, 또 내가 감히 거침없이 끝까지 말하
기가 어렵다는 것이 아니다. 남을 설득하는 것. 유세의 어려움은
설득시켜야 할 상대방의 마음을 헤아려 거기에 자기의 의견을
맞출 수 있는가에 달려 있다."

설득은 내가 잘해야 완성되는 게 아니라 상대방이 받아들여
야 완성된다. 이를 위해서 상대방의 가치 지향점을 알고 그곳을
정확하게 공략해야만 한다.

"상대방이 명예를 높이는 것에 관심이 있는데 이익을 늘리는
것에 대해 말한다면 절개가 낮다고 생각하여 비천하게 대우하
다가 버릴 것이고, 상대방이 이익을 늘리는 것에 관심이 있는데
명예를 드높이는 데 대하여 이야기한다면 아무 생각이 없고 세
상 물정에 어둡다고 생각하여 받아들이지 않을 것이다. 상대방
이 속으로는 이익을 늘리는 데 관심이 있으면서 겉으로 이름을
높이는 데 관심이 있는 척하고 있는데, 이름을 높이는 것에 관하

여 이야기한다면 겉으로는 그를 받아들이지만, 실질적으로는 그를 멀리할 것이다."

상당한 고난도의 두뇌게임이 아닐 수 없다. 상대방이 자신의 마음을 숨긴다는 사실 자체를 간파하면서 상대를 설득해야 하기 때문이다. 중요한 것은 '상대가 진짜 성향과 속마음'을 반드시 고려해야 한다는 점이다.

직장 내에서도 비슷한 동년배의 또래 직원들이라고 성향은 매우 다르다. 어떤 이는 일로서 성장하는 것보다는 당장 월급을 저축하는 데 관심이 많고, 월급이 좀 낮아도 일에 대한 열망이 강한 친구들도 있다. 직원의 개인사도 고려해야 한다. 아픈 부모님을 모셔야 하는 삶의 중압감을 가진 친구도 있고, 결혼도 별로 하고 싶지 않고, 즐기는 것에 관심이 있는 친구들도 있다. 그들 모두 다른 접근법으로 다가서야 한다.

귀곡자가 알려주는 설득의 기술

기원전 4세기의 사상가였던 귀곡자(鬼谷子)는 이러한 설득의 기술을 알려주고 있다.

"유세는 상대를 기쁘게 설득하는 것이다. 설득은 반드시 상대의 조건을 바탕으로 해야 한다. 지혜로운 사람과 말할 때는 박학

다식함을 드러내야 하고, 우둔한 사람과 말할 때는 상대가 분별하기 쉽게 해야 하며, 구별을 잘하는 사람에게는 간단히 핵심을 말하고, 신분이 높은 사람에겐 기죽지 말고 기세등등해야 하며, 돈 많은 사람에게 말할 때는 자신의 고상함을 드러내야 하고, 가난한 사람과 말할 때는 이득에 근거해 설명해야 하며, 신분이 낮은 사람에 대해서는 깔보지 않고 겸손한 태도를 보여야 한다. 용맹한 자에게는 과감한 결단을 드러내고, 과실이 있는 사람과 말할 때는 예리한 태도를 유지해야 한다. 이것이 유세의 기술인데 사람들은 흔히 그 반대로 행한다."

귀곡자가 우리에게 알려주려는 것은 바로 기쁨이라는 감정이다. 상대에 맞는 응대를 해줄 때, 상대방은 은근한 기쁨을 느끼게 되고 그때 마음의 문이 열리게 된다. 되돌이켜 보면 우리는 무수한 선택을 할 때 자신의 기쁨을 최고의기준으로 내세운다. 그 누구도 기쁜 선택지가 있는 상태에서 우울한 선택지를 고르지는 않는다. 이러한 기쁨의 감정 못지 않게 중요한 게 '공포와 안전'이라는 감정의 영역이다.

《삼국지》에서 설득력이 빛나는 장면을 볼 수 있다. 귀곡자를 스승으로 둔 장의와 소진이 해낸 '합종연횡'의 설득법이다. 당시 전국시대에는 강대국인 진나라 이하 연, 제, 초, 한, 위, 조나라가 있었다. 이들을 모두 합쳐 '전국칠웅(戰國七雄)'이라고 불렸다. 여기에서 '전국'은 한자로 '全國'이 아니라 전쟁 국가를 의미하는 '戰國'이다. 한마디로 싸우는 게 일인 나라들이라는 의미다. 당시 형세는 서쪽 대부분을 강대국 진나라가 차지하고 있었다. 나머지 지역을 6개 나라가 나누는 상황이었다. 이때 소진은 먼저 나머지 여섯 개의 나라를 돌면서 설득을 시작했다.

"지금 가장 안전할 방법은 나머지 6개 나라가 서로 동맹을 맺는 일입니다. 어느 한쪽을 침범한 진나라는 슬금슬금 바로 옆 나라를 공격할 것이며, 그렇게 해서 나머지 6개 나라 모두를 집어삼킬 것입니다. 진나라로부터 안심하기 위해서는 6개 나라가 동맹을 맺는 것이 유일한 방법입니다."

이렇게 해서 탄생한 것이 바로 6개 나라가 견고한 하나의 대열을 형성한 '합종(合從)'이었다. 소진은 이렇게 해서 높은 벼슬자리를 얻어냈고, 자신의 정치적 위치를 공고히 했다. 그리고 정말로 진나라는 합종에 동참한 나라를 한동안 쉽게 건드리지 못했다. 진나라 처지에서는 속이 쓰린 일이 아닐 수 없다. 그때 나선 자가 바로 장의였다. 역시 6개 나라를 돌아다니기 시작했다.

"약한 나라끼리 손잡고 있어 봐야 안전을 도모할 수가 없습니다. 그보다는 차라리 진나라와 개별적으로 화친을 맺는 것이 오히려 더 안전한 일입니다."

이렇게 해서 탄생한 것이 바로 '연횡(連橫)'이다. 장의의 설득에 넘어간 나라들은 다시 합종을 풀고 개별적으로 진나라와 화친을 맺었다. 이러한 설득의 과정에서 가장 중요한 점은 장의와 소진이 개별 국가들이 제일 걱정하는 '공포심과 안전'을 겨냥했다는 점이다. '이렇게 해야 당신이 살 수 있고, 안전할 수 있다. 공포에서 벗어날 수 있다.'라는 논리는 인간의 본성을 쥐고 흔드는 설득법이라 할 수 있다

사장 자신의 감정 노출

이러한 설득의 논리는 오늘날 '협상의 대가'라고 불리는 스튜어트 다이아몬드Stuart Diamond 교수에 의해서도 재확인된다. 그는 MBA 와튼스쿨에서 '20년 연속 최고 인기 강의'를 이끌었던 인물이다. 그는 저서에서 이렇게 말하고 있다.

"협상은 상대방이 어떠한 '감정'을 가지도록 만드는 과정이다. 상대방의 감정에 초점을 맞춘 협상법은 상대방의 자발적인 행동을 이끌어내기 위함이다. 대부분의 사람들이 감정과 인식의 창을 통해 세상을 본다."[2]

---

2 스튜터드 다이아몬드, 《어떻게 원하는 것을 얻는가》, 에이트포인트, 2017.

이러한 설득의 과정에서 사장 자신의 감정을 노출하는 것에 대해서 알아볼 필요가 있다. 대개 설득은 타인의 의지와 판단을 내 방식으로 바꾸려고 한다는 점에서 최대한 호의적인 태도로 다가갈 가능성이 크다. 따라서 설득 과정에서 자신의 부정적인 감정을 노출하는 행위는 별로 도움이 되지 않는다. 한마디로 '어르고 달래는' 과정이 설득이다.

최근의 협상력에 관한 연구에서는 정반대 의견도 제시되고 있다. 싱가포르 인시아드 대학팀의 연구결과에 따르면, 상대방이 일관된 감정을 유지하는 것보다는 처음에는 행복감을 표하다가 협상 도중에 화가 난 상태로 바뀔 때 가장 많은 양보를 하는 것으로 나타났다.

상대방이 일관되게 화를 내거나, 혹은 일관되게 행복한 감정 상태라면 오히려 이를 상대방의 기질적인 요인으로 치부하고 협상에서 별로 중요한 요인으로 작용하지 않는다는 점이다.

물론 협상과 설득은 다소 미묘한 차이가 있는 게 사실이다. 협상은 무엇인가 서로 주고받을 것이 있는 상태에서 하는 것이고, 설득은 그보다는 상대의 의견 자체를 나의 쪽으로 가져오기 위한 것이다. 하지만 어느 경우든 상대의 기존 생각이나 판단을 바꿔야 가능한 일이다.

설득력을 높이기 위해서는 상대의 성향과 가치를 파악하도록 하자. 그리고 기쁨을 주는 방법을 알아내는 과정을 거친 후, 적절히 감정을 활용하면 어떤 상대든 설득할 수 있다.

◆── **사장을 위한 인문학** ──◆

남을 설득하는 것은 설득시켜야 할 상대방의 마음을 헤아려 거기에 자기의 의견을 맞출 수 있는가에 달려 있다. 한비자의 말이다. 상대의 마음을 모르면 말을 아무래 잘해도 설득시킬 수 없다. 상대의 마음을 헤아려 설득할 때, 적절히 감정을 활용하면 상대가 설득할 가능성이 더 커진다.

직원의 언어를 사용해 대화를 나눌 수 있는가?

설득에 있어서 또 하나 매우 중요한 것이 어떤 언어를 사용하느냐다. 여기에서 언어란, 한국어, 영어의 의미가 아니다. 각 개인이 가지고 있는 용어의 선택 습관에서 비롯한 전체적인 언어의 구사 방식을 의미한다. 사실 우리는 모두 한국어를 사용하고 있지만, 서로가 사용하는 한국어의 의미가 100퍼센트 일치하지는 않는다.

20세기의 가장 위대한 철학자로 손꼽히는 오스트리아 철학자 비트겐슈타인Wittgenstein은 이런 말을 남겼다.

'내가 사용하는 언어의 한계는 내가 사는 세상의 한계를 규정한다.'

그런 점에서 언어를 사용하는 대화는 곧 세상과 세상의 만남이자 충돌이기도 하다. 따라서 설득을 비롯한 모든 대화에서는 어떻게 상대와의 눈높이를 맞추느냐는 매우 중요한 문제다.

후한(後漢) 말기에 모융(牟融)이라는 사람이 있었다. 그가 풍현이라는 지역의 현령(지방 장관)을 맡게 되자 3년 동안 송사가 없었다. 다른 지역과 비교해서 치적도 제일이었다.

그는 불교학에도 매우 학문이 깊었는데, 그가 유학자들과 이야기할 때에는 한 가지 특징적인 언어 습관이 있었다. 보통 불교학에 지식이 매우 깊은 사람이 불교를 설명할 때에는 불경에 나오는 용어나 사건을 예로 들어 설명하곤 한다.

그런데 그는 불경이 아닌 《시경(詩經)》이나 《서경(書經)》 같은 유학자들의 책에서 나오는 사례를 인용하며 유학자들의 단어를 사용하는 것이었다. 이를 유심히 본 한 사람은 "불교학자가 왜 불교의 사례를 쓰지 않는 것이요."라고 질책했다. 그때 모용은 이렇게 이야기했다.

"노(魯)나라에 공명의(公明儀)라는 사람이 살고 있었습니다. 그는 소를 향해 거문고를 연주했더니 소는 꿈쩍도 하지 않고 그냥 풀만 뜯었습니다. 그래서 다시 등에와 모기의 울음소리와 어미의 젖을 먹는 송아지의 울음소리를 흉내 냈습니다. 그러자 소는 발걸음을 멈추고 귀를 세운 채 그 소리를 듣고 있었습니다. 그 소리가 자신의 마음과 맞았기 때문입니다. 이것이 바로 제가 유학자들에게 불경의 이야기가 아닌 유학자들의 책인 《시경》과 《서경》을 인용하는 이유입니다."

사장의 언어와 직원의 언어는 다를 수밖에 없다. 무엇보다 직원은 실무의 영역에서 생각하고, 현장의 상황을 중요하게 생각하지만, 사장은 회사 전체의 입장과 소비자의 마음을 더욱 강조할 수밖에 없다.

이렇게 머무는 사고의 영역이 다르니까 당연히 같은 말을 해도 다르게 알아듣는 경우가 있다. 어떤 경우는 사장에게 칭찬을 들어도 '이 찜찜한 기분은 뭐지?'라고 느끼는 직장인도 있을 정도다. 따라서 직원과의 대화에서는 불교가 아닌 유학의 언어를 사용한 모융처럼 최대한 사장의 입장과 생각을 내려놓고 직원의 처지에 말해야 한다. 그런데 심지어 일부 사장들은 대화하는 과정에서 좀 답답하다 싶으면 이런 이야기를 하기도 한다.

"꼭 말로 해야 알아듣냐?"

"왜 그렇게 말귀를 못 알아듣지?"

물론 이는 마음과 마음으로 통하는 한국인 정서가 충분히 반영된 말이기는 하지만 당장 이런 반론이 나올 법하다.

'아니, 말로 하지 않는데 어떻게 알아들어?'

'당신이 이해할 수 없게 말하는데 내가 어떻게 이해를 하지?'

사장이 말해주기 전에는 절대 직원은 사장의 마음을 알 수 없다. '알아주겠지'라고 생각하지 말고, 말하고, 대화하고, 눈높이를 맞춰 설득해야만 한다. 그리고 이러한 과정에서 과연 자신이 어떤 언어를 쓰는지부터 되돌아봐야 할 필요가 있다.

3
감정이 성과에
어떤 영향을 미칠까?

❮ 코나투스(Conatus), 회사를 움직이는 힘 ❯

사장이 직원들에 관해 늘 촉각을 곤두세우고 있는 것은 바로 '성과'다. 이를 위해 출근은 잘하는지, 게으름을 피우지는 않는지를 검증하고, 상여금이나 징계로 직원을 관리하게 된다. 이 영역은 이성과 합리가 지배하는 곳이며, 숫자와 수치로 평가받는 세계다. 그런데 직원들은 이와는 또 다른 세계인 '감정'에서도 살고 있다. 감정이란 어쩌면 비합리적이고 비이성적인 영역이다. 그러나 사람은 감정의 동물이기 때문에, 그것으로 인해 성장하기도 하고 자기 파괴적으로 변하기도 한다.

　사장이 일일이 직원의 감정까지 살필 수는 없다고 하더라도, 그들의 감정이 회사에 미치는 영향을 인지하고, 그것을 활용하는 방법을 찾아야 한다. 그러나 너무 많은 사장이 '조직 생활에서 개인 감정 따위가 무슨 소용이야. 일만 제대로 하면 돼지!'라고 생각한다. 이는 감정을 의도적으로 외면하는 행태이며, 직원들의 감정이 회사의 성장과 발전에 어떤 영향을 미치는지를 간과하는 모습이라고 할 수 있다.

이릉대전에서 패배한 유비의 실수

'내일 지구가 멸망하더라도, 나는 오늘 한 그루의 사과나무를 심겠다.'

이 명언을 남긴 사람은 18세기 계몽주의 사상을 설파했던 네덜란드 철학자 스피노자Spinoza다. 그를 핵심적으로 설명하는 또 하나의 키워드가 '코나투스Conatus'라는 개념이다.

코나투스는 삶에 대한 근원적인 욕망, 인간이 자신을 보존하고자 하는 노력이나 힘이다. 욕망은 감정과 연동돼 있다. 자신의 욕망이 충족되면 기쁨을 얻고, 욕망이 좌절되면 우울과 불안을 느끼게 된다.

사람의 감정이 단순히 마음에 오고 가는 파도와 같은 게 아니다. 감정은 사람을 강하게 이끌어 간다. 감정은 스피노자가 말한 코나투스와 직접적인 연관이 있다. 이게 사장들이 직원의 감정을 외면하지 않아야 하는 이유다.

고전에서도 이러한 감정을 제어하지 못해 전투에서 대패하는 경우는 매우 흔한 일이다. 《삼국지》의 영웅이었던 유비는 이릉대전(夷陵大戰)을 치렀다. 이 싸움은 '삼국지의 역사를 바꾼 3대 전투'라고 불릴 정도로 그 의의가 크다.

유비에게 이 이릉대전은 비극으로 기억됐다. 당시 유비는 충격적인 소식을 접한 뒤 거의 이성을 잃어버리고 말았다. 복숭아나무 밑에서 의기투합을 했던 관우가 오나라 군사들에 의해 죽임을 당했기 때문이다. 그리고 연이어 자신을 지키던 장비마저 부하에게 살해를 당했다.

유비는 오나라에 복수하겠다며 70만 대군을 일으켰다. 그러자 모든 장수가 말렸다. 수차례 '왜 우리가 질 수밖에 없는지'를 이야기했다. 그러나 유비는 감정에서 벗어나지 못했다. 그 끝은 처참했다. 복수심에 불타 전쟁을 시작했지만, 지원군이 와서야 겨우 자기 목숨을 구할 수 있을 정도였다. 결국 그 자신도 화병이 나서 백제성에서 최후를 맞이했다.

한 시대를 풍미했던 영웅의 죽음은 감정을 절제하지 못했던 게 원인이었다. 수도 없이 많은 전쟁에서 경험을 쌓은 유비마저 감정에 휘말려 목숨을 잃었는데, 사무실에서 일하는 직원들이 감정에 휘둘리는 정도는 어느 정도겠는가. 사장이 이를 헤아리지 못하면, 조직은 어느 한 순간에 무너지고 만다.

질투는 사장의 가장 강력한 무기다

감정이 꼭 비극적이고 파괴적인 결과만을 낳는 것은 아니다. 잘만 활용하면 매우 생산적이고 역동적인 자기발전의 동기를 부여할 수 있는 법이다. 사람에게는 여러 가지 감정이 있지만, 그중에서도 질투는 매우 강한 동기부여의 계기가 될 수 있다.

프랑스 인시아드 경영대학원 교수인 맨프레드 브리스Manfred Vries는 이렇게 이야기한다.

"질투는 리더들이 외면하는 주요 동기부여 중의 하나다. 리더를 포함해 거의 모든 직원은 사내에서 질투를 숨기기 위해 온갖 자기 기만적 행태를 벌이지만, 결국 질투는 어느 상황에서나 고개를 든다. 질투를 잘 활용하면 조직에 적당한 긴장감과 활력을 불어넣고 건강한 경쟁을 유도할 수 있다."[3]

'질투의 힘'이 연구결과로 드러난 예도 있다. 하버드대학교 교수팀은 학생들에게 다음의 두 가지 조건을 제시하고 '어떤 회사를 선택하겠느냐?'고 물었다.

◆ A회사 : 당신이 입사하면 5,000만 원의 연봉을 받을 수 있고, 동료들의 평균 연봉은 2,500만 원이다.

◆ B회사 : 당신이 입사하면 1억 원의 연봉을 받을 수 있고, 동

---

3 이재은, '조직 내 질투심 지나치면 毒 … 리더의 현명한 관리법', 위클리비즈, 2017. 7. 22

료들의 평균 연봉은 2억 원이다.

받을 수 있는 금액만 따지자면 당연히 1억 원의 연봉을 주는 B회사를 선택해야 한다. 그러나 학생 56퍼센트가 A라는 회사를 선택했다. 그 이유는 '질투'라는 것 이외에는 달리 설명할 방법이 없다.

대문호 도스토옙스키는 이런 말을 남겼다.

"감정은 절대적이며, 그중에서도 질투는 가장 절대적인 감정이다."

만약 사장이 이 직원의 질투라는 감정을 활용할 수 있다면, 이는 조직 운용에 있어서 '절대적인 무기'를 가지게 된다고 해도 과언이 아니다.

질투가 조직적 차원에서 발휘된 예는 기원전 200년, 한나라 유방의 흉노 정벌에서 살펴볼 수 있다. 당시 한나라는 이미 천하를 평정한 대국이 돼 있었다. 그런데 자꾸 북쪽 국경에서 흉노가 침입하며 신경을 거슬리게 했다. 이에 유방은 '가소로운 것들'을 정벌하기 위해 직접 나섰다.

그런데 막상 전투를 시작하자 이상한 일이 생겼다. 흉노가 싸움을 하지 않고 계속해서 도망만 치고 있었던 것이다. 어느 순간 뒤를 돌아본 유방은 '아차' 싶었다. 후방의 군대는 보이지 않고 그 자신이 포위를 당해버리고 말았다. 시간이 흐르자 식량이 동이 나기 시작했고 유방은 더욱 초조해졌다. 그때 신하 중 한 명인 진평이 이렇게 지혜를 냈다.

"흉노의 선우왕이라는 인물은 연지라는 미인을 매우 총애한다고 합니다. 그녀의 말이라면 어떤 것이라고 들어준다고 하니 연지를 활용해보는 것이 어떻겠습니까?"

이에 유방이 허락하자 진평은 금은보화와 그림 한 장을 준비해 몰래 그녀를 만났다. 그는 우선 보물을 건네며 말했다.

"화해하고자 하는 뜻이오니 받아주시고 선우왕에게도 잘 부탁한다고 말씀드려주십시오."

그리고 진평은 이어 준비해간 그림 한 장을 펼쳤다.

"혹시나 선우왕께서 화해를 거절할까 싶어서 따로 준비한 선물이 있습니다. 이 그림에 있는 미녀를 바치고자 합니다. 부인께서 먼저 보시고 선우왕에게 어울리는지 안 어울리는지를 판단해주시면 고맙겠습니다."

그 그림 한 장은 연지의 마음에 질투심을 불러일으켰다. 혹시라도 이 미녀가 선우왕에게 바쳐진다면 자신은 뒷방 신세가 될 것이라는 불안한 마음이 들었기 때문이다. 결국 연지는 진평에게 말했다.

"이 그림은 도로 가져가셔도 될 듯합니다. 제가 선우왕께 화해를 잘 간청드려보겠습니다."

흉노는 포위망을 풀었고, 유방은 다시 자신의 나라로 돌아올 수가 있었다.

이 이야기는 질투라는 감정이 어떻게 전투의 형세마저 변화시키는지를 잘 보여주고 있다. 물론 이는 제 3자의 질투심을 이용해 자신의 조직을 구한 것이지만, 조직 내에서의 긍정적인 질투심 유발로 조직 전체의 에너지를 끌어 올리는 일이 얼마든지 가능함을 보여주고 있다.

나도 도전해 볼 수 있겠는데? 정도의 질투

이기영 연세대 경영학과 교수는 〈직장 내 질투와 업무성과의 상관성〉이라는 주제로 논문을 썼다. 그는 한 국내 언론과의 인터뷰에서 이렇게 이야기했다.

"직장에서 성공한 동료에 대한 질투가 다른 직원으로 하여금 더 좋은 행동을 배우게 만들고 그 결과 성과도 향상된다."[4]

그러나 이 질투는 매우 잘 다뤄야 하는 예리한 무기다. 자칫 잘못 다뤄 칼끝이 사장 자신에게 향하게 되면 깊은 내상을 입을 수도 있기 때문이다. 질투가 조직 내에서 잘 활성화돼 직원들이 스스로 충동하는 코나투스가 되기 위해서는 우선 권한이 균형

---

4 송민근, '이기영 연세대 교수 수상 소감, 우수직원 질투보다 본받으려는 심리 강해', 매일경제, 2020.

적으로 분산될 수 있도록 해야 한다. 권한이 어느 누군가에게 근거 없이 편향되면 그때는 부정적인 질투가 시작돼 서로 물고 뜯을 수 있는 아귀다툼의 상황이 발생한다. 따라서 자신의 노력에 따라 얼마든지 그 권한에 접근할 수 있는 공정한 상황과 규칙이 필수다.

질투심을 유발할 때, 가장 중요한 점은 '나도 도전해 볼 수 있겠는데?'라는 만만한 마음을 갖게 하는 것이다. 이런 마음이 있어야 질투는 부정적인 비난으로 이어지지 않고, 그 에너지가 자신에게로 향하면서 코나투스로 전환될 수 있다.

사장은 늘 직원에게 '당신은 충분히 능력 있는 사람'이라는 인식을 지속해서 심어줄 필요가 있다. 자신감이 충만한 직원은 질투를 느끼는 상대를 근거 없이 비난하고 음해하기보다는 오히려 그를 넘어서려고 하는 욕망이 더욱 강렬하게 나타나기 때문이다.

그뿐만 아니다. 이러한 긍정적인 질투가 지배하는 곳에서는 타인보다 앞서나가는 직원도 더 열심히 일하게 하는 결과를 낳게 된다. 실제 한 실험에 의하면 매우 일에 능숙한 숙련 노동자의 경우 임금이 충분히 높은데도 불구하고 마음을 놓지 않고 오히려 자신의 노동시간을 스스로 늘렸다는 사실이 입증됐다. 즉 자신에 대한 보험적 성격으로 더 높은 숙련도를 갖추기 위해 노동을 했다는 점이다. 이런 상황은 코나투스가 다소 뒤떨어지는 직원도, 혹은 앞서가는 직원에게도 모두 질투가 긍정적으로 작용한 결과라고 볼 수 있다.

어차피 사장이 직원의 모든 것을 관리할 수 없다. 겉으로 열심히 일하는 직원도 속마음이 무엇인지는 모르고, 다소 게을러 보이는 직원이 실은 더 많은 고민과 노력을 쏟아붓고 있는지도 모른다. 그러니 판단하기가 매우 어렵고, 또 잘못 판단한 가능성도 매우 크다.

직원의 코나투스만 잘 관리한다면, 직원의 겉모습은 아무래도 상관이 없다. 스스로 성장, 발전하려는 욕구가 자신들을 지배하면서 말하지 않아도 최선을 다해 일할 것이기 때문이다.

◆── **사장을 위한 인문학** ──◆

"감정은 절대적이며, 그중에서도 질투는 가장 절대적인 감정이다." 도스토옙스키의 말을 돌이켜볼 필요가 있다. 사장에게 질투는 회사를 운영하는 데 있어 가장 강력한 무기가 될 수 있다. 질투는 직원의 코나투스를 충동하며 회사를 강력하게 만든다.

행동을 하지 않으면 변화도 가져올 수 없다

직원에게는 코나투스가 중요하고, 사장에게는 행동력이 중요하다. 행동이 중요하다는 점은 누구나 알고 있지만, 망설여지는 경우가 한두 번이 아니다. 특히 사장이 섣불리 행동했다가는 회사에 손해를 끼칠 수도 있고, 돈과 시간 모두를 잃을 수도 있기 때문이다.

사장이 이런 손실을 생각하게 되면서 더욱 행동하지 못하게 된다. 특히 사람은 이익보다는 손해에 민감한 성향을 지니고 있다. 그러나 비록 그러한 두려움 속에서라도 과감한 행동이 상황을 변화시킬 수 있는 계기가 된다는 점을 잊어서는 안 된다.

서한(西漢) 시대의 정치가였던 가의(賈誼)는 황제를 매우 충성스럽게 모신 인물이었기에 늘 황제의 눈을 어지럽히는 무리를 주시하고 있었다. 그들의 계략을 황제에게 알리고 싶었지만, 또한 그것이 황제에게 죄를 짓는 것은 아닌가 걱정되기도 했다.

어느 날 가의는 황제에게 물었다.

"전하, 쥐 한 마리가 부엌에서 음식을 훔쳐 먹다 주인에게 들켜 항아리에 숨어버렸습니다. 주인은 쥐를 때려잡고 싶었지만, 항아리가 깨질 것 같아 어찌해야 할지 몰랐습니다."

황제가 답했다.

"쥐를 잡으려면 항아리가 깨지는 것은 당연한 일이 아닌가!"

그제야 가의는 나쁜 무리의 죄를 황제에게 낱낱이 고발했다.

안정적인 상황이 깨지는 것은 한편으로 불안한 요소이기는 하겠지만, 또 다른 한편으로는 새로운 변화를 불러오는 일이다. 사장이 내리는 결단과 행동도 '항아리 깨기'와 다르지 않다.

손해가 있다면 이익이 있고, 어떤 이익을 얻었다면 분명 다른 것에서는 손해를 봤다는 이야기다. 원하는 것에는 희생이 필요하고, 새로운 물건을 담으려고 해도 포대는 이미 비어 있어야 한다. 항아리가 깨지지 않으면 쥐를 잡을 수 없듯, 사장의 결단이 설사 부작용을 만들어도 필요하다면 과감하게 해야 한다. 아무런 행동도 하지 않으면 상황이 변하기를 기다리는 것만큼 허무맹랑한 생각도 없다.

4

사장이 솔선수범한다고 해서, 조직이 바뀔까?

《 당 태종이 메뚜기를 삼킨 까닭 》

회사를 경영하는 사장치고 '솔선수범'의 중요성을 모르는 이는 없다. 실제로 "다른 리더십은 안 먹혀도 솔선수범만큼은 먹히더라."라고 말하는 사장들도 많다. 그런데 솔선수범에는 한 가지 문제가 있다. 의무적으로 해야 한다는 생각에 사로잡혀 있다 보니 때로는 정신적인 피곤함을 느낄 때가 있다는 점이다.

'내가 솔선수범 안 해도 직원들이 좀 알아서 하면 안 되나?', '사장은 솔선수범하는 사람이 아니라, 솔선수범하는 사람을 만들어 내는 사람 아니야?'라는 반론을 제기하기도 한다. 물론 이러한 주장들도 일리가 없는 것은 아니다. 그러나 이는 솔선수범이 가지고 있는 진정한 의미를 잘 모를 때 할 수 있는 말들이다.

사실 솔선수범은 고대 인류에서부터 타인의 행동을 조절하는 방법이었으며, 타인보다 오히려 자신의 성장을 꾀하는 강력한 동력이 돼 왔다. 솔선수범의 이러한 참모습을 알게 된다면, 앞으로 사장으로 어떤 리더십을 발휘해야 할지 뼛속 깊이 각인할 수 있을 것이다.

과장된 솔선수범이 조직에 미치는 영향

솔선수범은 매우 강력한 리더십 원리 중 하나다. 거기다가 그 말에 대한 인식마저 매우 긍정적이다. 솔선(率先)—남보다 앞장서서 지켜, 수범(垂範)—모범을 세운다는 의미다. 타인에게 미루는 게으름도 찾아볼 수 없고, 스스로 정직하며, 가장 옳은 모습을 만들어나간다는 의미다. 여기에 고개를 끄덕이지 않을 사람은 별로 없을 것이다.

여기 솔선수범에 관한 다소 과장됐다 싶은 한 이야기가 전해진다.

《정관정요》에 따르면, 하루는 당 태종이 백성들이 농사를 짓는 논과 밭에 시찰을 나간 적이 있었다. 그런데 메뚜기 떼가 곡식을 갉아먹고 있었다. 이에 당 태종은 몇 마리의 메뚜기를 잡아 훈계했다.

"사람은 곡식으로 생명을 유지하는 바, 네 놈은 지금 그 곡식을 먹어치웠다. 이는 짐의 백성을 해치는 짓이 아닐 수 없다. 만약 백성에게 허물이 있다면 그 책임은 나에게 있다. 너는 백성을 해칠 것이 아니라 내 심장을 먹어야 할 것이다."

그러고는 당 태종은 정말로 메뚜기에게 자신의 심장이라고 내어줄 듯 입으로 삼키려고 했다. 그때 주변에서 지켜보면 신하들이 급하게 말렸다.

"해충을 삼키면 병이 생기옵니다. 결코, 아니 됩니다."

당 태종은 아랑곳하지 않고 이렇게 말하고는 메뚜기를 꿀꺽 삼켜버렸다.

"재앙이 백성이 아닌 나에게 옮기기를 빌었는데, 무엇이 두려워 이를 피하겠는가?"

어떻게 보면 위대한 군주의 통 큰 배포처럼 보이지만, 또 한편으로는 '그렇게까지?'라는 생각이 든다. 그러나 사장이 해야 하는 솔선수범의 괴로움은 바로 여기에 있다.

따지고 보면 직원들이 알아서 하면 될 일을 계속해서 먼저 나서서 해야 한다는 점이며, 어차피 사장과 직원은 그 역할도 다르고, 업무 프로세스도 다른 상황에서 계속해서 '모범'만 보여야 한다는 건 엄청난 피로감이다. 여기에 좀 더 위험천만한 솔선수범이 있다.

'세계의 3대 정복자'라고 불리는 알렉산더 대왕은 군대에서 제일 중요한 것은 사기라고 생각했기 때문에 어떤 전투에서도 앞장서곤 했다. 그러다 보니 어떤 전투에서는 도끼에 찍혀 죽을 지경에 이르기도 했고, 또 다른 전투에서는 폐에 창이 찔리기도 했다.

평균적으로 보자면 일반 군졸보다 더 많은 상처를 입은 예도 있었다. 결과론적으로 죽지 않아서 다행이지 혹시 알렉산더가 전쟁 중 사망했더라면 그의 솔선수범은 '의욕이 앞선 리더의 무모한 행동'이 될 뻔했다.

비록 무모해 보이거나 과장된 솔선수범도 매우 강력한 리더십의 한 원리가 될 수 있는 것은 인간의 가장 근본적이면서도 말초적인 감정을 자극하기 때문이다.

솔선수범은 심리학의 차원에서는 '상호성의 법칙'에 기반한다. 누군가에 호의를 받으면 왠지 그것을 갚아야만 할 것 같은 기분이 드는 원리다. 샘플 화장품을 받으면 왠지 화장품을 사야만 할 것 같고, 마트에서 시식한 후에 냉정하게 돌아서면 왠지 마음에 걸려 조그만 물건이라도 사려고 하는 것과 크게 다르지 않다.

솔선수범에는 바로 이런 상호성의 원리가 깔려 있다. 알렉산더를 바라본 병사들은 이렇게 생각할 수밖에 없다.

'장군이 폐를 찔리고, 도끼에 찍혀 죽을 위기인데, 나는 그냥 주춤거리고 있다고? 도저히 그럴 수는 없지 않아?'

무언가 빚진 감정을 자극하는 것. 그래서 억지로 그를 행동으로 끌어내는 것이 솔선수범이 가지고 있는 또 다른 단면 중 하나라고 할 수 있다.

과장된 솔선수범은 매우 강력한 리더십의 원리

부채감을 자극해서 타인을 특정한 행동으로 끌어내는 것은 아주 오래된 인류의 생활 법칙이기도 하다.

1900년대에 활동했던 프랑스 문화 인류학자인 마르셀 모스 Marcel Mauss는 고대 사회에서 선물을 주고받는 행위에 대해 깊은 탐구를 했다. 그는 이렇게 말한다.

'스칸디나비아 문명과 그 밖의 많은 문명에서는 교환과 계약이 선물 형태로 행해지는데, 이 선물을 이론상으로는 자발적이지만, 실제로는 의무적으로 주어지거나 답례받는다. (…) 말하자면 겉으로는 (돈이 들지 않는) 무상인 것처럼 보이지만, 실제로는 강제적이며 타산적이다.'

'누구나 친구에 대해서 친구로 있지 않으면 안 되며, 또 선물에 대해서는 선물로 답례하지 않으면 안 된다. 웃음에 대해서는

웃음으로 답하고, 거짓말에 대해서는 속임수로 대응하지 않으면 안 된다.'[5]

고대인의 공동체 유지방식은 바로 선물이나 웃음, 친구 돼주기 등의 먼저 제공되는 행동이 타인에게 강제적이라는 사실을 알려준다. 솔선수범 역시 여기에서 벗어나기가 쉽지 않다.

더 놀라운 사실은 수천 년 전 동양에서도 이러한 면은 충분히 간파됐다. 《논어(論語)》에는 이런 내용이 있다.

'윗사람이 예(禮)를 좋아하면 백성은 감히 공경하지 않을 수 없고, 윗사람이 의(義)를 좋아하면 백성은 감히 따르지 않을 수 없으며 윗사람이 신의(信義)를 좋아하면 백성은 감히 성실하게 행동하지 않을 수 없다.'

이 역시나 솔선수범이 어떻게 인간의 본능적인 감정을 자극하는지를 보여주고 있다. 그래서 사실은 솔선수범이 보여주는 긍정적인 이미지와는 달리 그 내부에는 오랜 인류의 행동 양태가 담겨 있고, 인간이 느낄 수 있는 가장 원초적 감정을 통한 강제적 자극이 담겨 있음을 알 수 있다.

'강제'라고 해서 꼭 부정인 건 아니다. 우리는 일상에서 좋은 습관을 들이기 위해서 자신을 강제하곤 한다. 담배를 끊기 위해,

---

5 마르셀 모스, <증여론>, 이상률 옮김, 한길사, 2011. 12

근육량을 늘리기 위해 정신적 스트레스와 싸우면서 그것이 습관이 되기를 강제하고 기다린다. 그런 점에서 사장이 이러한 솔선수범을 통해 직원에게 강제적 습관을 심어줄 수 있다면, 이는 직원들 개개인의 인생에서도 큰 도움이 되는 일이다.

솔선수범은 대부분 자신에게 유리하게 작용한다

솔선수범이 가지고 있는 또 하나의 비밀은 그것이 비록 부하들은 이끌기 위해 의무적으로 행해지는 것처럼 보이지만, 사실은 그것을 행하는 자를 더욱 발전시키는 계기 된다는 점이다.

솔선수범의 본디 의미인 '남보다 앞장서서 지켜 모범을 세운다.'라는 것은 대체로 타인을 전제로 하는 말이다. 내가 모범을 보여 타인을 모범으로 끌어들이겠다는 의도가 있기 때문이다. 하지만 미국의 투자자이자 방송인인 팀 페리스Tim Ferriss는 자신의 저서에서 성공한 운동선수가 말한 솔선수범을 이렇게 전하고 있다.

"먼저 솔선수범하는 태도는 항상 그렇지는 않아도 대부분은 나 자신에게 더 유리하게 작용한다. 물론 상대방에게서도 더 놀라운 반응을 끌어낸다. 솔선수범은 큰 자신감을 쌓는 연습이다. 자신감이 없으면 우리는 운동을 할 수 없다. 언제나 '난 못 해낼 거야'라고 중얼거리는 사람이 멋진 운동력을 보여주는 예는 없다. (…) 매사에 주도적인 모습을 보이는 사람은 다른 사람들보다 더 빨리, 더 멀리, 더 높이 뛸 가능성이 크다. 이미 일상에서 솔선수범함으로써 다양한 성취감을 맛보았기 때문이다. 나아가 다른 사람들보다 오랫동안 운동할 확률도 상대적으로 높다. 성취감은 중독성이 강하기 때문이다. 끊기가 어렵다는 뜻이다.[6]

솔선수범이 내적 자신감, 그리고 성취감과 연결돼 있다는 점은 사장들에게 큰 힘이 된다. 자신감이 없으면 결코 해낼 수 없는 직업인 사장, 그리고 성취감이 없이는 결코 버텨나갈 수 없는 사장에게 이보다 더 좋은 자기 성장의 기회는 없기 때문이다.

결국, 솔선수범이란 타인이 따르길 전제로 하기는 하겠지만, 본질적으로 자신을 성장시키는 마음의 자세이며, 성장의 동력이며, 성취의 계기가 된다.

솔선수범에 대해 '누구나 아는 뻔한 이야기 아니야?'라고 스쳐 지나갈 수 있다. 그 원리가 너무 간단하고, 하려고 마음만 먹는다면 그리 어렵지 않게 시도해볼 수 있기 때문이다.

그러나 이제까지 설명한 솔선수범의 내밀한 두 가지 원리로 봤을 때, 얼마나 강력한 힘을 가진 리더십의 덕목인지 알 수 있을 것이다.

---

6 팀 페리스, 《타이탄의 도구들》, 박선령 외 옮김, 토네이도

"다른 리더십은 안 먹혀도 솔선수범만큼은 먹히더라."라는 사장의 말이 진실인 것은, 그가 가장 오래된 인류의 법칙을 활용하고 있기 때문이며, 성장과 발전의 근본적인 원리를 활용하고 있기 때문이다.

그리고 우리는 앞에서 살펴보았던 솔선수범에 대한 두 가지 오해, '내가 솔선수범 안 해도 직원들이 좀 알아서 하면 안 되나?', '사장은 솔선수범하는 사람이 아니라, 솔선수범하는 사람을 만들어 내는 사람 아니야?'라는 것이 얼마나 개념 없는 생각이었는지를 깨달을 수 있을 것이다.

◆── **사장을 위한 인문학** ──◆

"먼저 솔선수범하는 태도는 항상 그렇지는 않아도 대부분은 나 자신에게 더 유리하게 작용한다. 물론 상대방에게서도 더 놀라운 반응을 끌어낸다." 솔선수범이란 타인이 따르기를 전제로 하기는 하겠지만, 본질적으로 자신을 성장시키는 마음의 자세이며, 성장의 동력이며, 성취의 계기가 된다. 다른 리더십 이론이 먹히지 않을 때도, 솔선수범은 그 힘을 발휘한다.

5
진짜 사장과 회사에 진심을 다하는
직원은 누구일까?

〔 고전은 말하고 있다, '유독 충성하는 직원을 의심하라' 〕

어른이 된 다음에는 학창시절에 배웠던 성선설(性善說)과 성악설(性惡說)에 대한 논쟁은 크게 의미 있게 느껴지지는 않는다. 그런데 수많은 사람과 비즈니스 관계를 맺고, 다양한 직원들을 만나는 사장이라면 약간 생각이 다를 수도 있다.

'정말 나쁜 사람', '정말 이상한 사람'이 있다 보니, 진짜로 태어날 때부터 나쁘거나 이상한 사람이 있는 건 아닌가 하는 의구심이 든다. 직원과 최선을 다해 신뢰의 관계를 맺고 지도력으로 이끌어 가려고 하지만, 아무리 해도 안 되는 사람들도 있기 마련이다. 그래서 현장의 사장들은 "도저히 뇌 구조가 이해되지 않는 직원도 있다.", "아무리 잘해줘 봐야 소용이 없다."라고 말하기도 한다. 자신의 마음을 이해 못 하는 직원에 대한 한탄이겠지만, 설사 그렇다고 한들, 사장은 그에 대한 적절한 대비책도 가지고 있어야 한다. 충성을 둘러싼 여러 가지 얼굴들을 살피고, 한비자의 조언에 귀를 기울여야 하는 것은 그런 이유 때문이기도 하다.

유독 충성하는 직원을 의심할 것

사장은 실무적인 일에 신경 쓰는 시간보다 회사 전체의 운영에 신경 쓰는 시간이 더 많다. 트렌드를 읽고 회사의 시스템에 집중하다 보니, 자신의 말을 잘 따라주는 직원이 간절히 필요하다. 그리고 그런 사람을 일러 '충성하는 직원'이라고 생각하고, 더 애정이 가는 것도 사실이다. 그런데 정말 사장의 말을 잘 듣고 충실하게 이행한다면 다 훌륭한 직원이고, 사장의 적절한 리더십이 잘 먹히고 있는 것일까?

《안자춘추(晏子春秋)》에는 이런 이야기가 등장한다.

제나라 경공(景公)은 양구거(梁丘據)라는 신하를 매우 신뢰했으며 그를 '충성스러운 부하'라고 칭했다. 그런데 어느 날 그런 양구거가 죽게 되자 경공은 그를 위해 큰 묘도 지어주고 후하게 상도 내리려고 했다. 그때 신하 안영(晏嬰)이 물었다.

"평소 양구거가 어떻게 충성을 했다는 말씀입니까?"

"그는 내가 좋아하는 것이라면 담당 관리도 구하지 못하는 것을 구해왔고, 내가 좋아하는 것이라면 비록 자신의 것이라고 하더라도 기쁘게 내어줬소. 거기다가 비바람이 몰아치는 날에도 내가 부르면 항상 달려왔소이다. 이게 충성이 아니면 무엇이겠소?"

이에 안영이 대답을 했다.

"우리 제나라에 있는 모든 백성은 군주의 신하며, 따라서 양구거만이 군주에게 충성을 다했다면 이는 제나라에 다른 충성스러운 신하가 없는 것이나 마찬가지입니다. 게다가 나라 안의 모든 것은 군주의 것인데, 담당 관리도 구하지 못하던 것을 양구거가 구했다면 이는 군주의 것을 사사롭게 다룬 것이 아니겠습니까? 양구거는 자신이 다른 신하들의 충성스러움을 가렸고, 다른 말을 듣지 못하게 했으니 충성스러운 자가 아니라 불충(不忠)한 자입니다."

이 말을 듣자 경공은 자신의 어리석음을 깨달았다.

"내가 어리석었소. 양구거는 나에게 충성을 한 것이 아니라 자신의 이익을 추구한 것이었소!"

이에 경공은 양구거의 불법을 조사하도록 했고, 그러자 양구거와 연루됐다는 사실을 들킬까 봐 도망가는 신하들이 속출했다. 결국 양구거는 군주에게 충성하는 척하면서 자신의 이익을 꾀했다는 사실이 드러나고 말았다.

안영이 오늘날의 사장들에게 경고하는 것은 '유독 충성스러워 보이는 직원을 의심하라.'라는 것이다. 비록 당장 사장 입장에서는 기분도 좋고, 믿음직해 보이지만, 그가 보여주는 헌신적인 충성의 모습은 결국 자신만을 독보적으로 보이게 해서 다른 직원의 모습을 지우려고 하는 것일 수도 있기 때문이다. 또한 그렇게 형성된 사장의 강력한 믿음은 자신에 대한 의구심을 배제하고 그사이에 사적인 이익을 추구하려는 것일 수도 있다.

매우 비정상적으로 보이는 상사가 회사에서 승승장구하는 모습을 본 경험이 있을 것이다. 그리고 대개 그것을 보면서 부하 직원들은 이렇게 생각한다.

"도대체 사장님은 저렇게 이상한 사람을 왜 좋아하는 걸까?"

아마도 그 사장은 양구거의 속셈을 꿰뚫어 보지 못한 경공의 처지였을 것이다.

철저한 감시와 관리의 방법

충성을 가장해 자신의 이익을 챙기는 사악한 충성이 있지만, 상사를 위한답시고 행동하다 결국 상사를 망치는 '뇌 구조'가 이해가 가지 않는 부하도 있다.

초(楚)나라의 공왕(共王)이 전쟁에 나섰을 때 함께 갔던 이가 자반(子反))이라는 장군이었다. 그는 몹시도 술을 좋아했다. 단 한 잔만 입에 대도 그때부터 미친 듯이 마시는 인물이었다. 공왕이 1차 전투를 치른 후 세가 밀려 후퇴해 있을 때였다. 자신은 상처도 입었기에 조금 있다 자반을 앞세워 다시 공략할 생각이었다. 그런데 후방에서 기다리고 있던 자반에게는 이미 일이 터지고 말았다.

자반이 목이 말라 하자 부하인 곡양(穀陽)은 술 한잔을 올렸다. 술향기가 나자 자반은 "치우라, 술은 마시지 않겠다."라고 말했다. 자신의 왕이 선두에서 싸우고 있는 전투의 현장에서 술은 가당치 않은 말이었다. 하지만 곡양은 자반이 누구보다 술을 좋아했고, 또 술을 마시고 싶을 것이라고 짐작했다. 어쩌면 자신의 상사가 술을 마시지 못하는 지금의 상황이 안타까웠을 수도 있다. 그래서 곡양은 급기야 이렇게 이야기했다.

"술이 아닙니다."

그렇게 해서 한 두잔 들어간 술은 결국 만취의 상태에 이르고 말았다. 잠시 후. 앞서서 싸웠던 공왕이 자반의 모습을 본 뒤 이렇게 한탄하며 명령했다.

"나는 오늘 전투에서 상처를 입었으며, 믿을 만한 사람은 자반 장군뿐이었다. 그런데 장군마저 취해 있으니 이제 나는 싸울 뜻 없어졌다. 자반을 중형에 처하라"

한비자는 곡양의 행동을 '작은 충성'이라고 말했다. 자신의 상사가 좋아하는 것들만 해주려는 충성, 대의와 조직의 목표를 잃어버린 이런 충성은 오히려 상사를 망치는 해악이 되고 만다.

앞에서 살펴본 이 두 가지 충성은 가장 나쁜 충성의 유형이다. 곡양이 올리는 술을 마시며 기분 좋아했던 자반, 양구거가 보여줬던 모습에 흐뭇했던 경공. 비록 그들의 눈에는 '충성'으로 보였을지는 몰라고, 정작 그것은 리더십을 망치는 충성이었다.

이러한 나쁜 충성을 봤던 한비자는 상사와 부하의 관계를 철두철미한 경쟁의 관계, 경계의 사이, 때로는 죽여버려야 할 존재로 보았다. 그는 한마디로 철저한 성악설에 근거해 부하를 바라보았다. 《한비자》제4편 애신(愛臣)에는 '신하가 강하면 군주가 죽는다.'라는 극단적인 말로 부하와의 관계 설정에 대해 이렇게 경고한다.

'군주가 총애하는 신하를 지나치게 가까이하면 그들은 군주를 위태롭게 할 것이며, 또 대신의 권위가 높으면 반드시 군주의 지위를 탈취하려 들 것이다. (…) 총명한 임금이 신하를 거느림에는 귀천을 가릴 것 없이 법으로 통제하여 죽일 자는 죽이고, 벌할 자는 벌해야 한다. 용서한다는 것은 그만큼 군주의 세력 약화를 의미한다.'

한비자는 철저한 의심의 눈초리로 한 걸음 더 나아간다.

'또 대신에게 평소 외출할 때도 4인승 수레를 사용하지 못하도록 해야 하며, 비상용 무기를 자기 수레로 운반하게 해서도 안 된다. 발각되면 사형이 처하라. 이는 총명한 임금에 대한 대신들의 음모를 사전에 방지하기 위한 처치이다.'

한비자는 '애초에 부하들은 나쁜 놈이다'라는 가정하에 주장을 펼치고 있다. 따라서 조금의 틈도 줘서는 안 되고 조금이라도 기미가 보이면 가차 없이 벌을 주라고 말한다.

나쁜 가능성을 좋을 가능성으로

물론 지금의 시대에 한비자의 말을 맹목적으로 적용하기는 힘든 것이 사실이다. 소통을 중요시하고, 사장을 믿고 따르는 선한 직원도 분명히 많고, 또 만약 직장에서 불법적인 행동이 있다면 이는 현행법의 체계에서도 얼마든지 제재가 가능하다. 하지만 그런데도 사장의 생각 한 편에는 한비자의 관점을 가지고 있는 것도 아주 유의미하다고 본다.

성선설과 성악설이 그토록 오랜 시간 대립하는 논쟁의 주제가 됐던 것은 각자 일련의 진리를 반영하고 있기 때문이다. 하지만 '모든 직원은 나쁜 놈들일 가능성이 있어. 따라서 철저히 관찰하고 대비해야 해.'라고 생각한다면 사내 관계는 지나치게 차가워지고 마음은 폐쇄적으로 변하고 만다. 그래서 직원이 나쁜 마음을 먹을 가능성은 있지만, 그것을 사전에 자연스럽게 통제하는 것이 사장의 역할이라고 생각해야만 한다. 아기가 걷다가 돌부리에 넘어질 것이라 예상하고 무릎이 깨졌을 때 약을 준비하기보다, 그 돌부리를 미리 치워주면 되는 일이다.

사마천이 쓴 《사기(史記)》와 함께 중국의 대표적인 역사서로 꼽히는 《한서(漢書)》가 있다. 그중 주박전(朱博傳)에는 이런 내용이 담겨 있다.

주박이라는 자가 새로운 고을에 부임하게 되자 누군가 은밀한 이야기를 들려줬다. 치안을 책임지는 상방금(尙方禁)이라는 자가 있는데, 그가 젊은 시절 이웃집 처자를 강간한 후 관리들에게 뇌물을 주어 관직을 박탈당하지 않았다는 내용이었다.

주박이 상방금을 들라고 하자, 상방금은 오금이 저렸다. 아마도 자신의 과거를 다 알고 큰 벌을 내릴 것만 같았기 때문이다. 공포에 떨던 상방금에게 주박은 여유로운 미소를 지으며 생각지 못한 제안을 했다.

"내가 너에게 치욕을 씻고 공을 세울 기회를 줄 것이니 나를 위해 몸 바쳐 일하겠는가?"

그 내용은 '오늘 일은 절대로 발하지 말 것'과 '관원들이 하는 말을 은밀히 기록했다가 문제가 있을 것 같은 내용이 있으면 즉시 보고하라'였다. 상박은 자신의 죄를 용서해준 것에 대해 감사함을 느끼고 그때부터 충실한 부하가 됐다. 이후 둘의 원활한 정보 교환으로 인해 관내의 살인, 강간과 같은 수많은 범죄를 처리해 치안 상태를 크게 개선했다.

강간에 뇌물의 전력이 있는 상방금은 또 언제 그러한 짓을 할지 모르는 위험성이 매우 높은 인물이었다. 그러나 주박은 그런 가능성을 오히려 치안 개선에 역으로 활용했다. 이는 독이 풀린 강물이 민가를 덮치기 전에 자연스럽게 물길을 바꾸고 정화해 식수로 사용하게 한 것이다.

모든 사람은 태어날 때 선하기도 하고, 또 태어날 때 악하기도 한다. 자라면서도 악하거나 선해질 가능성도 동시에 지니고 있다. 직원들의 눈에 보이는 충성을 무조건 믿지는 않아야 하겠지만, 그렇다고 무조건 백안시하고 의심의 눈초리로 볼 수도 없다. 따라서 그들의 악해질 수도 있는 가능성이 선한 가능성으로 나아갈 수 있도록 보이지 않는 곳에서 조절하는 것이 진정 사장이 해야 할 일이다.

상사가 좋아하는 것들만 해주려는 충성, 대의와 조직의 목표를 잃어버린 충성은 오히려 상사를 망치는 해악이 되고 만다. '유독 충성스러워 보이는 직원을 의심하라'라는 말을 명심하자. 그런 직원을 대할 때, 당장 사장으로서는 기분도 좋고, 믿음직해 보이지만, 그가 보여주는 헌신적인 충성의 모습은 결국 자신만을 독보적으로 보이게 해서 다른 직원의 모습을 지우려고 하는 것일 수도 있기 때문이다.

04 인문학에서 문제의 답을 찾다

❖ 지속가능한 회사

지속가능한 회사가 되기 위해서는 '지속가능한 동력'이 먼저 존재해야 한다. 그러한 동력 중에서 매우 중요한 요소는 끊임없이 제기되는 회사 안팎의 문제에 자동으로 대처하는 시스템을 만드는 것이다. 이것은 사장의 말과 행동이 위기를 해결하는 데에 습관화돼 있음을 뜻한다. 습관의 특징은 애써 고민하거나 오랜 생각을 하지 않아도 즉각적으로 반응을 한다는 점이다. 따라서 회사의 위기에 사장이 즉각적으로 대응하는 습관을 만들어 놓으면 그 자체가 바로 '지속가능한 동력'이라고 할 수 있다.

1
사업을 시작했을 때,
어떤 마음이었는지 기억하는가?

◀ 삼성이 직원들에게 건넨 사자성어, 교병필패(驕兵必敗) ▶

'초심으로 돌아가자', '초심을 잃어서는 안 된다.' 사장들이 흔히 하는 말이거니와 어떤 이들은 이를 삶의 신념으로 삼는 경우도 많다.

초심(初心).

이 말은 듣는 것만으로도 왠지 순수한 열정, 무한한 도전의식과 같은 것들이 느껴진다. 여기에 겸손과 차분함이 함께 하면서 처음 일을 시작할 당시의 단단함 마음으로 되돌려 줄 것만 같다.

물론 이 초심을 지켜야 하는 것은 너무도 당연한 일이지만, 초심을 단순히 열정과 도전과 같은 추상적인 다짐과 결심으로만 대해서는 안 된다.

초심은 더 심리적이고 과학적으로 사장들을 위험으로부터 보호하는 특별한 기능을 하고 있기 때문이다.

활 잘 쏘는 강숙과 기름장수의 대화

초심의 정반대 편에 있는 마음이 자만심이다. 초심이라는 것이 결핍된 상태에서의 간절한 마음의 상태를 보여준다면, 자만은 그 단계를 훌쩍 뛰어넘어 성과를 자랑하고 뽐내고 싶은 상태다. 그런데 이 초심과 자만심 사이에는 인간의 독특한 사고의 과정이 자리하고 있다.

선견지명(先見之明)이라는 말을 들어봤을 것이다. 이는 앞을 내다보고 미래를 예측하는 식견을 의미한다. 이와는 정반대 지점에 있는 것이 후견지명(後見之明)이다. 어떤 일을 겪고 나서 보니 '아, 그래서 그랬구나'라는 방식의 인식이다. 예를 들어 코로나19 사태를 해석해보자. 만약 여기에서 선견지명이 작동하게 되면 누군가가 코로나19 바이러스가 발견되기도 전에, "곧 치명적인 바이러스가 인류를 강타할 것이다".라고 말하는 것이다. 그런데 반대로 후견지명이 작동하면 이렇게 된다.

"이럴 줄 알았다. 인간의 환경파괴는 결국 이런 사태를 만들어내게 된다. 이것은 인류가 스스로 불러온 일이다."

인간은 알 수 없이 생겨난 상황을 늘 어떤 방식으로든 설명하려고 하고, 바로 이러한 인식의 방법이 바로 후견지명이다. 스티브 잡스의 엄청난 성공을 마주한 사람들이 '그래, 이런 이유로 스티브 잡스는 성공할 수밖에 없었어.'라고 생각하는 것도 전형적인 후견지명이다.

사장들이 처음 사업을 시작하는 초심의 상태에 있을 때는 알 수 없는 미래에 대한 두려움 속에서 매우 조심하며 일을 진행하게 된다. 자신에게 선견지명이 있는지 없는지조차 알 수 없으니, 간절한 열정으로 똘똘 뭉치게 된다.

그런데 조금씩 사업적인 성과가 보이기 시작하면 그때부터는 후견지명이 발동된다. '맞아, 그때 내가 했던 결정이 신의 한 수였어!', '나는 원래부터 사업에 소질이 있나 봐.'라는 식이다.

후견지명이 자꾸만 강화되고 여기에 오버가 섞이게 되면 곧바로 자만심으로 넘어가게 된다. 문제는 후견지명으로 만들어진 자만심은 미래를 지나치게 낙관하는 상태로 만들어 버려 조심성을 잃게 된다는 점이다.

문인과 사대부들의 언행과 일화가 기록된 《귀전록(歸田錄)》에는 활을 잘 쏘는 강숙이라는 사람과 한 기름장수의 이야기가 나온다. 강숙은 활을 아주 잘 쏘았기 때문에 늘 자부심을 갖고 있었다. 그날도 강숙은 자신의 농장에서 활을 쏘고 있었는데, 쏘는 족족 정확하게 과녁에 들어맞았다. 그때 길을 가던 기름장수가 그 모습을 보더니 큰 감흥도 없이 그저 고개만 까딱까딱하고 있었다. 이 모습을 본 강숙은 다소 의아했다. 왜 감탄을 하지 않고 고개만 끄덕이고 있을까? 강숙이 그에게 물었다.

"당신도 활에 대해 잘 아시오? 나의 활 솜씨가 어떤 것 같소?"

기름장수는 모호하게 대답했다.

"활을 잘 다룰 줄은 아는 것 같은데, 별것은 아니군요."

강숙은 그의 말에 화가 났다. 마치 자신의 활 솜씨를 무시하고 얕보는 것 같았기 때문이다.

"당신은 내 활 솜씨를 얕보는 것이오?"

기름장수는 아까보다 더 모호한 말을 했다.

"내가 기름 따르는 기술에 미루어 본다면 그렇다는 말이오"

기름장수는 자신이 가지고 있는 호리병을 땅에 놓고 가운데 조그만 사각형이 있는 엽전으로 호리병을 막았다. 그리고 똑바로 서서 국자로 퍼낸 기름을 호리병 안으로 붓기 시작했다. 마치 실처럼 얇게 흘러내리는 기름은 한 치의 흔들림도 없이 사각형을 통과해 호리병 안으로 모두 빨려 들어가 버렸다. 그리고 기름장수는 이렇게 말했다.

"사실, 이 기술도 별 것 아닙니다. 평생을 기름 장사를 하다 보니 그냥 손에 익숙할 것일 뿐이죠. 아마 당신의 활 솜씨도 그렇지 않겠소? 평생을 활을 쏘았다면 그 정도는 돼야겠죠."

이 말을 듣고 강숙은 크게 반성했다고 한다.

강숙은 '후견지명에 의한 자만심'이라는 실수를 저질렀다. 그는 자신이 활을 잘 쏘는 이유를 '나는 원래 잘 쏘는 사람이었나 봐.', '나는 화살쏘기에 탁월한 능력을 갖추고 있어.', '어쩌면 내 신체구조가 활쏘기에 최적화돼 있는지도 몰라.'라고 생각했을 가능성이 크다. 그런데 강숙의 생각은 틀렸다. 사실은 그저 많은 훈련 때문에 숙달된 것일 뿐이었고, 그것은 당연한 일일 뿐이라는 사실을 기름장수가 깨우쳐준 것이었다.

자만심은 새로운 도전과 변화를 방해한다

후견지명의 약점 중의 하는 사장이 자신의 조그마한 성공을 지나치게 과대 포장할 수 있게 한다는 점이고, 그것으로 인해 자만심으로 직행할 수 있는 여지를 준다는 점이다.

그것은 마치 '숙달'에 불과한 기술을 '대단한 능력'으로 착각한 강숙의 사고방식과 크게 다르지 않다. 그런 점에서 자신의 성공한 진짜 이유를 잘 모르는 상태에서 '나는 대단한 능력을 지녔으니 앞으로도 성공하겠지?'라는 마음이 슬며시 들게 되고 바로 이것이 변화에 적극적으로 대응하지 못하게 된다.

사장의 이러한 자만심은 곧 기업활동에서 매우 중요한 민첩성을 잃게 만드는 결과를 낳게 된다. 지금과 같이 변화가 빠른 세상에서는 얼마나 민첩하게 변화하고 순발력 있게 대응하느냐가 경영의 성과에 큰 영향을 미치게 된다. 하지만 자만심은 새로운 도전과 발 빠른 변화를 추구하지 못하는 결과를 낳게 된다.

런던비즈니스스쿨의 도널드 설Donald Sull 교수는 국내 한 언론과의 인터뷰에서 이를 '활동적 타성Active Inertial'이라는 말로 설명한다.

"가령 자동차를 타고 가던 도중 기찻길 홈 속에 뒷바퀴가 빠졌다고 가정해봅시다. 그리고 저 멀리서 기차가 다가오고 있습니다. 그럼 어떡할까요? 아마도 대부분 운전자는 기찻길에서 빠져나가기 위해 자동차의 가속 페달을 밟고 또 밟을 겁니다. 하지만 그러면 어떻게 됩니까. 페달을 밟아댈수록 바퀴는 홈에 더 단단히 박힙니다."[1]

운전자의 머릿속에서 '페달을 밟으면 차가 앞으로 나아간다.'라는 인식이 굳게 박혀 있다. 그런데 조금만 논리적으로 생각하면 뒷바퀴가 빠져 있는 상태에서는 차가 앞으로 나아갈 수가 없게 된다. 하지만 과거의 생각에 사로잡혀 있는 운전자는 스스로 무덤을 파는 일을 반복하게 된다.

---

1 탁상훈, '포천 선정 비즈니스 분야 大家 도널드 설 런던비즈니스스쿨 교수', 위클리비즈

사장이 가지는 자만심은 '예전에 성공했으니, 앞으로도 성공할 거야'라는 잘못된 신념체계를 구성하게 된다. 마치 뒷바퀴가 이미 공회전하고 있음에도 불구하고 계속해서 가속 페달을 밟는 것과 크게 다르지 않다.

마음이 비어 있으면 여러 가능성이 열린다

1950년대 일본의 선승(禪僧)이었던 스즈키 슌류는 《선심초심》이라는 책으로 동양사상에 대한 미국인들의 선풍적인 인기를 끌어낸 인물이다. 그는 책에서 이렇게 말한다.

"'나는 선(禪)이 뭔지 좀 안다.'라거나 '나는 이미 깨달음을 얻었다'라고 말하지 말라. 모든 기예의 진짜 비결은 초심자가 되는 것이다."

"빈 마음은 무엇이든 착수할 준비가 돼 있다. 초심자의 마음에는 여러 가능성이 열려 있다."

초심을 지킨다는 것은 열정과 도전에 대한 순수한 마음을 다시 한번 리프레쉬Refresh하자는 것에 그치지 않는다. 사업을 하면서 했던 성공의 경험으로부터 자유로워지고, 그것이 만들어 낸 후견지명을 떨쳐내는 일이다. 어제의 성공은 절대로 내일의 성공을 끌어올 수 없다는 사실을 철저하게 이해해야만 한다. 어제도 이겼고, 지금도 이기고 있으니, 내일도 이길 수 있을 것이라는 근거 없는 사장의 믿음이 회사를 내부에서부터 붕괴시키게 된다.

다음은 《회남자(淮南子)》에 나오는 구절이다

'헤엄 잘 치는 놈은 물에 빠져 죽고, 나무 잘 타는 놈은 나무에서 떨어져 죽는다.'

상식적으로 보자면 헤엄을 잘 치는 사람은 기본적으로 물에 빠져 죽을 가능성이 매우 낮다. 그런데도 물에 빠져 죽을 때에는 그 자만심이 극에 달해 스스로 실수를 하기 때문이다. 그리고 조직에서의 실수는 곧 패배로 이어진다.

《한서(漢書)》에는 이렇게 조언하고 있다.

'교만한 군대가 자신의 위세를 뽐내는 것을 교병(驕兵)이라고 하는데, 이러한 군대는 필패(必敗)하고 만다.'

교병필패(驕兵必敗)는 10여 년 전 삼성그룹이 사상 최대의 실적을 올렸을 때 경영진이 전 사원들에게 제시한 사자성어였다. 그리고 이 교병필패는 '과거의 기억도, 지금의 기억을 잊어라'라는 메시지를 담고 있다.

사실 사람이 자신의 성공 기억을 잊기란 쉽지 않은 일이다. 그것은 자부심을 주고 미래에 대한 희망을 주기 때문이다. 게다가 지금의 현실이 조금이라도 만족스럽다면, 과거의 간절한 초심이 사라진다. 따라서 다시 맨주먹 정신으로 돌아가는 일은 어지간한 절제가 아니면 힘든 일일 수밖에 없다. 영국의 비평가이자 역사가인 토머스 칼라일Thomas Carlyle은 이런 이야기를 했다.

"역경을 이기는 사람이 100명이라면, 풍요를 이기는 사람은 한 명뿐이다."

그러나 치열한 경쟁이라는 상황 속에서 사장은 불가능을 가능으로 만드는 사람들이다. 그러니 행복한 풍요, 과거 성공의 경험, 그 행복했던 자부심마저 잊기 위해 노력해야만 한다. 더 나아가 사장이 이런 자세를 가질 때, 직원들 역시 과거의 경험에서 벗어나 늘 '새로운 초심'을 유지해나갈 수 있을 것이다.

◆── 사장을 위한 인문학 ──◆

어제의 성공은 절대로 내일의 성공을 끌어올 수 없다는 사실을 철저하게 이해해야만 한다. 어제도 이겼고, 지금도 이기고 있으니, 내일도 이길 수 있을 것이라는 근거 없는 사장의 믿음이 회사를 내부에서부터 붕괴시키게 된다. 일본 선승 스즈키 슌류의 말을 되새기자. "빈 마음은 무엇이든 착수할 준비가 돼 있다. 초심자의 마음에는 여러 가능성이 열려 있다."

위기대응 면역력을 키우는 리스크 돌파

사장이 끊임없이 해야 할 일 하나를 고르라면, 단연 '리스크 관리'라고 할 수 있다. 갑작스럽게 위험한 상황에 빠지지 않기 위해서는 늘 주위를 둘러보면 상황을 파악해야만 한다. 그런데 문제는 만약 리스크가 생겼을 때 과거의 경험에서 그 해결의 방법을 찾으려고 한다는 점이다.

무엇보다 자신의 판단력을 100% 신뢰를 할 수 없기 그 때문에 과거의 경험은 하나의 유의미한 기준이 될 수 있다. 하지만 지금은 과거 리스크가 반복되는 상황이 아니라, 새로운 리스크가 다가오는 시대라고 할 수 있다. 이런 상황이라면 과거의 전례에 의지해 리스크를 막으려는 태도는 매우 위험하기까지 하다.

당나라 고종(高宗)은 황태자가 이미 있는 상태에서 중조를 황태손으로 세우려고 했다. 이때 많은 관리가 적극적으로 반대하고 나섰다. 그중 왕방경(王方慶)이라는 자는 이렇게 말했다.

"황태자가 있는 상태에서 황태손을 내세우는 것은 전례가 없는 일입니다. 이는 이치에 맞지 않사옵니다."

그러자 고종은 이렇게 말했다.

"옛날의 전례가 뭐가 그리 중요한가. 지금 내가 하려는 것을 '옛것'으로 삼으면 되지 않겠는가?"

이 이야기에서 유래된 고사성어가 바로 자아작고(自我作古). '나를 옛것으로 삼는다'라는 것이다. 이것은 리스크 관리에 있어서 '자신의 힘을 키우라.'라는 조언이다.

계속해서 과거에 의지하기 시작하면 이것도 습관이 되면, 새롭게 다가오는 '창조적인 리스크'에 '창조적인 방법'으로 대응하는 능력을 자꾸만 상실하게 된다. 이는 자신의 문제 해결 면역력을 떨어뜨리는 일이라고도 할 수 있다.

비록 불안하고 부족하겠지만, 계속해서 자신을 기준으로 리스크를 막아내는 방법을 찾아낼 수 있을 때, 사장의 위기대응 능력은 더욱 강해질 수 있다.

2
매사에 부정적인 직원,
과연 문제가 있는 걸까?

◀ 그는 자신의 성공 확률을 최대한 높이려는 직원일 수도 있다 ▶

사장이 직원들과의 관계에서 부딪히는 매우 큰 난관 중 하나는 '부정적인 사고가 강한 직원'과의 소통이다. 직원들 모두가 똘똘 뭉쳐 사업을 해나가기도 여간 만만치 않은 상황에서 부정적인 직원이 툭툭 던지는 한마디는 회의 분위기를 싸하게 만들고, 다른 직원들의 의욕마저 꺾기 때문이다.

그럴 때마다 속이 상한 사장은 '긍정적으로 좀 생각해보자.'라고 설득하고 독려해봐도, 일단 단단하게 굳은 부정적인 사고가 그렇게 쉽게 깨질 리가 없다. 이 문제를 해결하기 위해서 사장은 부정적인 직원이 왜 부정적인가를 알아야 하고, 그 부정적인 생각을 무너뜨릴 수 있는 제3의 묘수를 찾아야 한다. 그것은 직원과의 소통 프레임을 논리와 합리성이 지배하는 '이성'의 영역에서 감동과 충성이 지배하는 '감성'의 영역으로 바꾸는 것을 의미한다.

합리성과 냉철함으로 무장한 부정적인 직원

우선 구분해야 할 것은 '부정적인 사고가 강한 직원'과 '불평불만이 많은 직원'이다. 겉으로 보기에 둘은 매우 비슷해 보이지만, 문제의 해법이 완전히 다르다.

불평불만이 많은 직원은 오히려 다루기가 어렵지 않다. 그들은 회사 내부에서 벌어지는 여러 가지 일들을 탐탁지 않게 생각하고, 자신이 제대로 대우받지 못하고 있다고 여기고, 업무가 많으면 짜증을 내기도 한다. 주로 자신에게 닥친 표피적인 문제에 감정적으로 대응한다는 점이 특징이다.

이런 직원의 경우 가능한 선에서 그가 원하는 것을 최대한 들어주고, 개인적인 문제가 있다면 진심으로 상담을 해주고 다독인다면 쉽게 사그라든다. 그들은 사장이 관심을 두고 터놓고 대화를 할 수 있다는 것 자체에 만족한다. 아무리 미운 사람도 막상 눈앞에서 고개를 숙이고 겸손한 모습을 보이면 누구든 마음이 누그러지는 것과 별반 다르지 않다.

진짜 문제는 부정적인 사고가 강한 직원이다. 이들은 불평불만을 말하지도 않고 짜증을 내지도 않는다. 또 회사의 대우나 복지에 대해서도 큰 문제로 삼지 않는다. 오히려 자기 일에 차분하게 집중하는 경향도 강하고 목표 의식도 매우 뚜렷하다. 업무의 태도로만 보면 사장들이 좋아할 만한 스타일이기도 하다.

문제는 이들이 사업의 전망, 신상품 개발, 특정 프로젝트의 진행에 있어서 생길 수 있는 부정적인 면을 지나치게 증폭시킨다는 점이다. 그것도 매우 논리적이고 냉철하게 말이다. 차라리 평소에 일에 대한 열정이 없는 사람이 이렇게 한다면 사장에 앞서 오히려 동료들이 그의 말에 잘 귀를 기울이지 않을 것이다.

그가 매우 성실한 직원이기 때문에 그가 말하는 부정적인 주장들이 신뢰성 있게 들리고 빠르게 확산한다는 점이다. 하지만 정작 사장에게 중요한 것은 그러한 합리성과 냉철함이 아니다. 무엇이든 일이 되게 만들고, 어떻게 해서든 난관을 뚫어내는 직원이 필요하다. 한마디로 무(無)에서라도 유(有)를 만들겠다는 자세를 지닌 강철같은 직원이 필요하다.

하지만 부정적 사고가 강한 직원은 논리적으로 설명해 다른 동료들도 일을 주저하게 만들고, 왜 난관을 뚫을 수 없는지를 합리적으로 주장한다. 바로 이것이 사장과 부정적인 사고가 강한 직원이 부딪히는 근본적인 충돌지점이라고 봐야 한다.

이 문제를 해결하기 위해서는 이런 직원의 본질을 알아야 한다. 가장 명심해야 할 점은 그는 자신을 부정적인 사람이라고 생각하지 않는다는 점이다. 오히려 그들은 자신이 매우 폭넓게 사고하고 여러 사안을 종합적으로 고려하는 사람으로 인식한다.

더 나아가 부정적인 사고가 강한 직원은 성공 확률에 매우 강한 집착을 하고 있다. 자신이 어떤 일을 했을 때 실패할 확률을 최대한 낮추기 위해 리스크를 예민하게 지적한다. 실패가 많아지면 회사에서 자신의 입지가 좁아지고, 좋지 않은 평가를 받을 것을 우려하기 때문이다.

그런 점에서 부정적인 사고가 강한 직원은 인성이 나쁘거나 게으른 직원이 아니라 '자신의 성공확률을 최대한 높이려는 직원'이라고 봐야만 한다. 따라서 특정한 리스크로 인해 자신의 업무에 난관이 예상되거나 실패할 것 같은 예감이 들면 어김없이 리스크를 지적하고 그 자세를 고수하게 된다.

사장이 단순하게 "우리 긍정적으로 생각해보자."라는 말을 한다고 해서 그가 설득되지 않는 이유는 바로 여기에 있다. 그에게 '긍정적'이라는 말은 뻔히 보이는 리스크를 외면하자는 말로밖에 들리지 않기 때문이다.

의심이 있으면 어두운 곳에 귀신이 생긴다

이 문제를 해결하기 위해서는 사장은 일단 두 가지 순차적 방법을 사용해야 한다. 첫 번째로는, 직원이 부정적인 주장을 할 때는 최대한 감정을 배제하고 있는 그대로의 사실만 봐야 한다. 이를 위해서 머릿속에서 '저 친구는 부정적이야.'라는 생각 자체를 지워야 한다. 물론 인간은 감정의 동물이기 때문에 팩트와 감정을 온전히 분리하기가 쉽지 않다. 하지만 다음의 이야기가 조금 도움이 될 수 있으리라 본다.

《열자(列子)》의 내용 중 일부다.

어떤 나무꾼이 소중한 자신의 도끼를 잃어버렸다. 누군가가 훔쳐 갔다고 생각하니 왠지 옆집 아이가 수상했다. 자신을 보는 눈빛이 수상쩍어 보이고 자신을 피하는 것 같기도 하고, 말도 더듬는 것이 꼭 거짓말을 하는 것 같다. 하지만 증거가 없으니 당장 뭔가를 추궁하기는 힘들었다.

그날 밤 곰곰이 생각해보니 어제 자신이 도끼질한 후 도끼를 그냥 산에 두고 온 것이 기억났다. 다음날 산으로 가보니 정말로 도끼는 그곳에 고스란히 있었다. 집으로 돌아오는 나무꾼은 다시 그 옆집 아이와 마주쳤다. 그런데 이번에는 그 아이의 얼굴이 왠지 모르게 밝아 보였고, 말도 더듬지 않고, 친근하게 보이기까지 했다.

'의심이 있으면 어두운 곳에서 귀신이 생긴다.'라는 의미의 고사성어인 의심암귀(疑心暗鬼)에 관한 이야기다.

이 이야기는 사람이 특정한 편견을 가지기 시작할 때 자신의 눈에 허상이 덧씌워진다는 교훈을 주고 있다. 사장이 '저 친구는 부정적인 직원이야'라고 생각하는 순간, 그 스스로가 소통을 막아버리는 결과를 낳게 된다. 따라서 사장은 그 직원을 열린 마음으로 받아들여야 한다.

그가 주장하는 부정적인 사실과 리스크를 최대한 받아들이고, 의심 없이 내용을 접수해야 한다. 실제 사업에 있어서 부정적인 면에 최대한 주의를 기울이는 것은 당연히 해야 할 일이기도 하다.

사장이 이러한 태도를 보이면 부정적인 직원은 사장을 두고 '그래, 참 말이 통하는 사장님이야.'라고 생각하며 마음의 문을 열게 된다. 누구든지 자신의 주장이 받아들여진다면, 상대방도 나와 같은 생각을 하게 된다고 느끼고 일정한 동질감 속에서 마음을 열게 된다.

사장이 두 번째로 해야 할 일은 이 열린 마음의 문을 비집고 들어가 감성적으로 장악하는 일이다. 앞에서도 이야기했듯, 그들은 자신을 부정적인 사람이라고 생각하지 않고, 매우 합리적이라고 생각한다. 따라서 그 직원과 '부정과 긍정'을 따져서는 사장의 백전백패다. 이럴 때는 판을 다시 깔아야 한다. 그것은 바로 합리와 논리가 아닌, 감성의 차원이다.

《사기(史記)》에는 '목숨을 다해 충성하는 병사'에 대한 하나의 이야기가 등장한다.

한여름에 한 달 동안이나 진나라와 대치하고 있던 손빈(孫臏) 과 오기(吳起)의 군대는 점점 지쳐갔다. 그러던 중 한 병사는 종 기 때문에 괴로운 생활을 하고 있었다. 이를 본 오기는 주저 없 이 입으로 종기를 빨아내기 시작했고, 상당한 고름을 뱉어냈다. 그러자 그 병사는 편안한 얼굴로 "이제 좀 괜찮은 것 같습니다." 라고 말했다.

이 이야기가 퍼져 병사 어머니의 귀에 들어가자, 어머니는 땅 을 치며 울기 시작했다. 보는 사람은 의아했지만, 어머니는 "이 제 내 자식은 죽게 생겼다."라고 말했다. 동네 사람들이 물었다.

"오기 장군이 입으로 고름을 빼서 아들 녀석이 살게 됐는데, 왜 죽는다고 하는데요?"

어머니가 대답했다.

"전에도 오기 장군이 그 아이 아버지의 고름을 입으로 뱉어냈 고, 아버지는 오기 장군의 은혜에 보답하기 위해 전쟁터에서 죽 기 살기로 싸우다 결국 죽고 말았소. 그러니 이제 내 아들도 오기 장군의 은혜에 보답한다며 죽기 살기로 싸울 것 아니요. 그러면 당연히 전쟁터에서 죽는 일밖에 더 남겠소!"

감정은 이렇게 한 병사를 죽음까지 불사하게 만드는 충성심을 만들게 한다. 당신이 사장이라면 어떤 행동으로 직원을 감동하게 만들 것인가?

직원에게 감동을 주는 방법은 많

《삼국지》를 읽어보지 않은 사람도 충성스럽고 용맹한 '조자룡(趙子龍)'이라는 이름은 들어봤을 것이다. 그가 싸움터 한복판으로 뛰어들어 죽기 살기로 싸우다 끝내 유비의 아기를 구해온 것은 매우 유명한 일화다. 그런데 아기를 품에 안고 자신의 앞에 나타난 유비가 보인 태도는 반전이었다. 유비는 아기를 땅에 던지듯 내려놓으며 이렇게 이야기했다.

"이런 어린 자식 하나 때문에 내가 큰 장수를 잃을 뻔했구나!"

조자룡은 바닥의 아기를 품에 안고 눈물을 흘리며 흐느꼈다.

"제 간장과 뇌수가 터져 나온다고 하더라도 주공의 은혜에는 결코 보답할 수 없을 것입니다!"

결국, 사람을 움직이는 것은 마음이고 감동이다. 아무리 부정과 긍정을 따져봐야 결국에는 말싸움에 불과하며 마음으로 승복하지 않으면 직원은 바뀌지 않는다. 이럴 때는 '감동과 충성의 프레임'을 깔아야 한다. 그러면 직원면 자신의 성공 확률보다 사장의 성공 확률에 베팅할 것이며, 리스크를 증폭해 장애물을 만드는 대신 "그래, 사장님이 한번 해보자니까 힘들어도 해보자"라고 생각하게 된다.

리스크에서 뒷걸음치자고 주장하는 직원에게는 그 한계를 뛰어넘을 수 있는 요동치는 열정을 심어줘야 한다. 감동이 충성을 불러일으킬 수 있을 때, 비로소 직원은 주저하는 부정적 사고를 진격하는 긍정적 사고로 바꿀 수 있다.

직원에게 감동을 주는 방법은 많다. 단순히 월급을 올려주는 것이 아니라 보다 많은 권한과 자율성을 주는 일, 세세한 가정사까지 챙겨주는 일, 혹시나 있었던 잘못을 깨끗이 용서해주는 것 등이다.

자신의 잠재력과 가능성을 믿고 투자하는 것도 직원에게 감동적인 일 중의 하나다. 여기에다 다음과 같은 말 한마디 정도면 열정에 기름까지 부어줄 수 있다.

"이 일이 설사 잘 안 돼도 자네의 잘못이 아니라, 원래 이 일이 힘든 것이기 때문이야. 실패에 대한 그 어떤 책임도 묻지 않을 테니 자신 있게 마음껏 질러봐!"

물론 설사 실패해도 사장은 크게 손해 볼 것은 없다. 부정적인 사고가 강한 직원을 한층 성숙시켰고, 도전의 과정에서 뭔가라도 얻는 것이 있을 것이기 때문이다. 때로 사장의 인간적 상처도 드러내며 서로 마음으로 하나가 되기 위한 대화도 사장을 이해하고 그의 의지에 동참하려는 욕구를 불러일으킬 수도 있다.

직원의 마음으로 파고들어 감동으로 장악하는 것.

바로 이것이 부정적 사고가 강한 직원을 압도하는 현명한 사장의 방법이다.

◆── 사장을 위한 인문학 ──◆

의심암귀(疑心暗鬼), '의심이 있으면 어두운 곳에서 귀신이 생긴다.'라는 의미의 고사성어다. 사장이 '저 친구는 부정적인 직원이야'라고 생각하는 순간, 소통을 막아버리는 결과를 낳게 된다. 따라서 사장은 그 직원에게 마음을 열어야 한다. 직원이 주장하는 부정적인 사실과 리스크를 최대한 받아들여야 하고, 의심 없이 접수해야 한다. 실제 사업에 있어서 부정적인 면에 최대한 주의를 기울이는 것은 당연히 해야 할 일이기도 하다.

3

평판으로 직원을
판단해도 될까?

◀《한비자》에 담긴 인물 측정 절대조건 5가지▶

사장이 딱히 듣고 싶지 않아도 듣게 되는 것이 바로 직원들끼리
의 평판이다. 때로는 소문인 듯, 때로는 뒷말의 과정에서 양산된
근거 없는 추측인 듯, 사내에 떠돌아다니는 이야기를 듣게 되면
아무래도 사장도 그 이야기에 귀를 기울이지 않을 수 없다.

그간 자신이 몰랐던 직원들의 비밀스러운 모습과 욕망이 드
러나는 이야기들은 마치 판도라의 상자처럼 여겨지기도 한다.
그리고 바로 여기에 의지해서 직원들을 판단하고자 하는 생각
이 자신도 모르게 들게 된다.

그러나 평판으로 직원을 판단하는 것은 최악의 방법이며 절
대적인 기준은 그 직원이 행하는 '행동'임을 잊어서는 안 된다.

평판을 신뢰하지 않아야 하는 이유

사람을 평가하는 중요한 기준 가운데 하나는 그 사람에 대한 '주변의 평가'다. 주변 사람들이 보내는 칭찬과 비난은 비공식적이라도 매우 중요한 잣대가 될 수가 있다. 심지어는 다수 사람이 공통되게 말하면 그것이 정확한 잣대가 아닐까 하는 유혹도 생겨난다. 하지만 사장이 이러한 평판을 다룰 때는 매우 조심해야 한다.

우선 평판이라는 것 자체가 매우 유동적이며, 그 사람의 위치가 어디냐에 따라서도 좌우된다. 명나라 학자 모곤이 편찬한 《당송팔대가문초(唐宋八大家文抄)》에는 이런 이야기가 나온다.

"일반적으로 사람들이 남에게서 비방이나 칭찬을 받는 데에는 또한 각기 그 이유가 있다. 군자는 아랫자리에 있으면 비방을 많이 받고, 윗자리에 있으면 칭찬을 많이 받으며, 소인은 아랫자리에 있으면 칭찬을 많이 받고 윗자리에 있으면 비방을 많이 받는다. (…) 이것이 일반적인 상황이다. (…) 아랫자리에 있으면서 비방을 많이 받는 사람이 어찌 모두 어리석고 교활하겠으며, 윗자리에 있으면서 칭찬을 많이 받는 사람이 어찌 모두 어질고 지혜롭겠는가. 그리고 칭찬하거나 비방하는 자들이 어찌 모두 시비를 분명하게 가려 우열을 매기겠는가. 그런데도 세상 사람들은 그 평가를 듣고 크게 현혹된다."

결과적으로 평판이란 그것을 받는 자와 하는 자 사이에 수많은 변수에 의해 조종되는 것이며 진실로 받아들여져서도 안 된다는 의미이다. 특히 직원 중 누군가가 자신의 평판에 인위적인 힘을 가하기 시작하면 이는 상당히 왜곡된 상태로 주변에 널리 퍼지게 된다.

《한비자》는 인재의 평가를 둘러싼 이러한 오류와 모순을 이렇게 지적하고 있다.

"(정치를 어지럽게 하는 군주는) 사람들이 칭찬하는 자는 의심하지 않고 이것을 즐겨 받아들인다. 또한 사람들이 비난하면 의심할 것 없이 그를 미워했다. 그리하여 간신들은 가산을 탕진해가면서 안으로는 작당하고, 밖으로는 호족들과 교제하여 명성을 떨치려 한다. 또한 남몰래 외국과 동맹을 맺고 서로가 은밀한 세력을 만들어 나쁜 일을 꾸미고, 훗날 이것이 성공했을 때 뇌물을 주겠다고 약속한다. 그래서 자기와 짝이 된 자에게만 이익을 주고 반대하는 자에게는 위해를 가했다. 사람들은 그러한 간신과 사이좋게 지내게 되고, 간신의 명성은 나라 안에 널리 알려지게 된다. 그리고 이는 군주의 귀에 들어가고, 군주는 간신의 실체를 제대로 알지도 못한 채 그를 현자라고 믿게 된다."

평판보다는 자신의 눈을 믿을 것

누군가를 판단하는 데 있어서 평판도 매우 중요하지만, 이에 더

해서 자신의 심리상태도 이를 좌우하는 때도 있다.

애옥급오(愛屋及烏)라는 사자성어는 바로 인간의 이러한 심리를 잘 보여주고 있다.

주지육림을 즐겼던 은나라의 주왕(紂王)은 결국 주무왕(周武王)에 의해 궤멸하고 말았다. 주무왕이 은나라의 남은 신하를 어떻게 처리할지를 강태공에게 물었다. 그는 이렇게 대답했다.

"만일 어떤 사람을 좋아하게 되면 그 집 위의 까마귀까지 좋아하게 된다고 했으며(愛屋及烏). 어떤 사람을 증오하게 되면 그 집의 종자와 노비까지 증오하게 된다고 들었습니다. 주왕이 많은 죄를 지었으니 그의 부하들을 모조리 목을 베어 죽여도 무방할 것입니다."

결과적으로 주무왕은 강태공의 말을 듣지 않고 그들을 모두 풀어줬으나, 중요한 것은 바로 어떤 사람을 좋아할 때 생기는 편향성이다.

그 사람이 좋아지면 집 위의 까마귀까지 좋아지는 애옥급오의 심리 현상은 누군가를 좋아하게 되면 그에 대한 객관적인 평가를 하기 힘들어지게 된다는 것을 말해준다. 나아가 현대의 심리학 연구에 의하면, 누군가에 대한 평가나 혹은 신뢰란 결국 '시점'에 불과하다는 사실을 알려주고 있다.

노스이스턴대학의 심리학과 데이비드 데스테노 교수는 이에 대해 다음과 같은 답을 하고 있다.

"내가 연구한 건 어떤 사람이 항상 신뢰할만하거나 그렇지 않다고 단정할 수 없다는 거다. '누군가가 이 시점에서 믿을만한 사람인가?'로 바꿔서 사고해야 한다. 고정된 믿음은 심리적으로 안정감을 주겠지만 어리석은 판단이다. 우리의 상황은 늘 가변적이고 그에 따라 그 사람이 얻거나 잃을 것들이 달라진다."[2]

이 정도까지 되면 사실 누군가에 대한 평판을 믿는다는 것, 혹은 내가 누군가를 신뢰한다는 것 자체가 미궁 속으로 빠져드는 느낌이 아닐 수 없다. 하지만 그렇다고 우리에게 아무런 잣대가 없는 것은 아니다.

비록 평판에 대해서는 매우 비판적일 수는 있으나 '사람의 행동'이라는 매우 유력한 한 가지 방법이 있다. 이것은 떠다니는 평판을 믿기보단 자신의 눈으로 확인한다는 의미가 있다.

《한비자》는 '인물 측정의 절대조건'으로 다음 5가지 조건을 제시하고 있다.

◆ 그가 누구와 만나고, 누구와 친한가?
◆ 그가 돈이 있을 때는 어디에 돈을 쓰는가?
◆ 그가 돈이 없을 때는 또 어디에 돈을 쓰는가?

---

2 김지수, '당신은 믿을만한 사람입니까? 사회심리학 거장 데이비드 데스테노 인터뷰', 조선일보

◆ 그가 위기에 처했을 때 어떠한 행동을 하는가?

◆ 그가 누군가를 등용해야 할 때 누구를 선택하는가?

우선 '누구와 친한가'는 그 사람의 성향과 코드를 알 수 있는 객관적인 증거 정황이다. 사람은 대개 '자신과 맞는 사람'과 친하게 마련이다. 이는 억지로 바꿔보려 해도 쉽게 바뀌지 않는다. 마치 산성도에 따라 리트머스 종이에 붉은색, 푸른색이 객관적으로 배어 나오는 것처럼, 이는 상대의 마음과 성향을 알아내는 확실한 방법이다.

두 번째와 세 번째인 돈의 문제로 그 사람이 가장 소중하게 여기는 것을 가늠할 수 있다. 이 질문이 왜 중요한가 하면, 그 사람의 가치체계를 판단할 수 있기 때문이다. 가족에게 돈을 많이 쓰는 사람은 가족의 가치를 높게 생각하는 것이고, 옷과 액세서리 구매에 주로 돈을 쓴다면 외모를 중시하는 가치체계를 갖고 있다는 말이다. 이렇게 그 사람의 가치체계를 정확하게 알 수 있다면 보다 객관적인 평가가 가능해진다.

네 번째인 '위기에서의 행동'은 무엇보다 중요한 판단기준이다. 왜냐하면 위기란 것은 그 사람이 가진 본성의 '바닥'을 드러내게 하기 때문이다. 위급할 때 타인을 해치는 사람이 있고, 아무리 위기일발의 상황에서도 타인과 함께 가려는 사람이 있다.

품격과 우아함 따위의 가식을 걷어치우고 사람의 마음으로 곧장 파고 들어가 그 본질을 파악하게 하는 것이 바로 위기상황에서 보이는 행동들이다.

다섯 번째인 '사람의 선택'에 관한 항목은 '자신과 자신이 속한 조직의 관계를 어떻게 생각하고 있는가'를 알려준다. 누군가를 등용할 때 조직보다 자신에게 더 이익이 되는 사람을 뽑는 유형이 있는가 하면, 조직의 이익을 먼저 생각하고 뽑는 사람이 있다. 이에 대한 대답을 살피면 '조직에 대한 충성과 배신'의 문제까지 비교적 정확하게 추론할 수 있다.

그 사람이 하는 행동보다 그 사람을 잘 드러내 주는 것은 없다. 말은 허위로 꾸미고 가식으로 포장할 수 있지만, 행동은 그럴 수 없기 때문이다. 설사 행동을 꾸민다고 하더라도 그것은 반드시 '흔적'을 남긴다. 그것도 앞뒤가 안 맞는 모순된 증거들을 남겨 추론의 빌미를 제공한다. 사람을 판단하는 데도 역시 '말보다 행동'이 중요하다.

제갈량이 제시하는 인재를 판별하는 7가지 방법

사람의 평판과 판단에 대해 한비자만큼이나 많은 경험과 공을 들여온 또 하나의 사람이 있으니 바로《삼국지》에 등장하는 제갈량이다. 그는 평생을 전쟁터에서 살아온 인물이며, 평생을 인재구별을 위해 노력한 사람이다. 그런데도 그 역시 겨우 죽음의 순간에 이르러서야 진정한 인재를 판별하는 방법을 알아냈다.

그는 죽기 전에 자신의 후계자인 강유(姜維)에게 남긴 병법서 〈장원(將苑)〉에 인재 판별의 어려움에 대해서 다음과 같이 토로했다.

"인간의 본성을 살피는 일보다 더 어려운 일은 없다. 개인의 선과 악이 다르고, 본성과 의표가 다르다. 어떤 사람은 겉으로 온화하고 선량한 듯하나, 안으로는 간사하다. 어떤 사람은 공경한 척하지만, 안으로는 속이려는 마음이 있고, 어떤 사람은 겉으로는 용감한 척하지만 안으로는 겁이 많다. 어떤 사람은 힘써 일하는 듯하나, 속마음에는 다른 의도가 있는 불충한 사람도 있다."

제갈량의 이러한 말을 들어보면 아마도 동의하지 않는 사람은 거의 없을 것이다. 그만큼 사람에 대한 우리의 판단은 신뢰하기 힘든 것이 사실이다. 어떻게 보면 세상에서 가장 능수능란하게 거짓말을 잘하는 생명체가 바로 사람이라고 해도 과언이 아니다.

그래서 제갈량은 이런 사람을 판별할 수 있는 7가지의 방법을 제시하고 있다. 특정한 상황을 제시한 다음에 그가 어떻게 행동을 하는지를 보는 것이다.

◆ 어느 것이 옳은지 그른지를 판단하는 것을 보고 그 지향을 살핀다.

◆ 능수능란한 말과 논리로 난처하게 만들어 그 임기응변을 관찰한다.

◆ 어느 문제에 대한 관점과 책략을 자문해서 그 지식과 경험을 살핀다.

◆ 곤란함 앞에서 보이는 태도를 보고서 용기를 살핀다.

◆ 술로 취하게 하여 그 품성을 살핀다.

◆ 이익 앞에 임하게 해서 그 청렴함을 살핀다.

◆ 기한을 두고 일을 맡겨 그의 신용을 살핀다.

이렇게 의도적인 상황을 만들어 내어 직원을 평가하는 것이 너무 작위적이라서 거부감이 들 수도 있다. 하지만 정작 제갈량이 말하고자 하는 것은 '결국 그 사람의 행동이 그 사람의 진실을 드러낸다.'라는 점이다.

사실 평판이 매력적인 이유는 그것이 사람을 판단하는 '쉬운 길'이기 때문이다. 굳이 인내를 가지고 상대방의 행동을 기다리고 그 행동을 해석하기 위해 머리를 쓰지 않아도 된다. 그러니 좀 더 쉽고 빠른 길을 찾으려고 하는 사람은 본능적으로 평판에 귀를 기울이게 된다.

하지만 사장이 회사를 운영하면서 늘 쉽고 빠른 길만 찾으려고 한다면, 그것은 지름길이 아닌 편법이며 고객을 속이려는 행위가 되기도 한다. 따라서 결국에는 사람에 관한 판단도 인내를 가지고 스스로 판단하는 길을 가야만 한다.

◆── **사장을 위한 인문학** ──◆

그 사람이 하는 행동보다 그 사람을 잘 드러내 주는 것은 없다. 말은 허위로 꾸미고 가식으로 포장할 수 있지만, 행동은 그럴 수 없기 때문이다. 설사 행동을 꾸민다고 하더라도 그것은 반드시 '흔적'을 남긴다. 그것도 앞뒤가 안 맞는 모순된 증거들을 남겨 추론의 빌미를 제공한다. 사람을 판단하는 데는 '말보다 행동'이 중요하다.

부하가 나를 배신했다는 생각이 든다면

사장도 사람이기에 때로는 직원들로 인해 마음의 상처를 받게 된다. '직원이 나를 좀 이해해줬으면 좋겠다.'라는 마음가짐이 외면당할 수도 있고, 자신은 나름대로 직원에게 마음을 줬다고 여기지만, 결국 배반당하는 경우도 있기 때문이다. 그러나 이것은 '직원 탓'이라고 돌린다면, 올바른 방법이 아니다. 오히려 '혹시 나로 인해 부하가 나를 외면하고 배신한 것은 아닌가?'라고 되돌아볼 필요가 있다.

전국시대에 재상까지 역임했던 맹상군(孟嘗君)의 집에는 무려 3,000명의 식객이 거주하고 있다. 그런데 그 대접을 무척이나 정성스럽게 했다. 반찬 투정을 하는 이가 있으면, 맹상군은 자신의 반찬을 나누기도 할 정도였다. 그런데 맹상군이 관직에서 쫓겨나는 일이 생기자 식객들은 그를 외면하고 하나둘 떠났다. 그렇게 시간이 지나 다시 관직에 복직한 맹상군은 여전히 남아 있던 식객 풍환(馮驩)에게 이런 이야기를 했다.

"나를 떠났던 식객들이 어떻게 내 얼굴을 다시 볼 수 있겠는가! 만약 나를 다시 보려는 사람이 있다면, 그 사람의 얼굴에 침을 뱉어 경멸할 것이다!"

그때 풍환이 답했다.

"세상에는 '원래 그렇게 되는 일'이 있습니다. 아침에 해가 뜨고 저녁에 해가 지는 일이 '원래 그렇게 되는 일'이고, 한번 태어난 사람은 반드시 죽기 마련인 것도 '원래 그렇게 되는 일'입니다. 부귀할 때는 주변에 사람이 많이 모여들고 가난하고 천하면 친구마저 떠나는 것 역시 '원래 그렇게 되는 일'입니다. 그러니 노여워 마시고 다시 식객을 받고 예전처럼 대해주십시오."

인간관계에서 순수한 것은 가족 관계밖에 없다는 사실을 받아들여야 한다. 심지어 그 가족 관계마저도 매우 이해관계라는 사실을 인정해야 한다. 그러니 사회에서 만나는 사람들은 더욱 그럴 수밖에 없다. 부하에 대해 섭섭할 때, 부하가 원망스러울 때, 사회생활에서 사람에 대한 믿음이 사라질 때라면 오히려 자신의 경쟁력이 떨어진 것은 아닌지 되돌아볼 필요가 있다.

한비자는 이렇게 이야기했다.

'남의 신하가 된 자의 마음은 그 군주를 사랑하기 때문이 아니라 이익을 귀중하게 생각하기 때문이다.'

나를 떠나간 사람을 '나쁜 사람'이라고 욕하기 전에 혹시 자신이 그들을 떠나게 한 원인이 된 것은 아닌지를 되돌아볼 필요도 있다.

4

직원들이 서로를 믿지 않으면
무슨 일이 생길까?

《 신뢰하지 못하면 예상하지 못한 비용이 발생한다 》

'어려울 때 함께 있어 주는 친구가 진정한 친구다.'라는 말 정도는 흔하게 들어보았을 것이다. 어쩌면 실제 자신이 어려움에 부닥쳤을 때 이러한 사실을 몸으로 느끼면서 세상의 비정함에 씁쓸함을 느꼈을 수도 있다. 고사성어에도 이런 말이 있다.

'술과 밥을 함께할 수 있는 친구는 수천 명이나 되지만(酒食兄弟千個有, 주식형제천개유), 위급하고 어려울 때 친구는 한 명도 없다(急難之朋一個無, 급란지붕 일개무).'

이 말은 다음과 같은 반성도 함께 끌어낸다.

'남이 어려움에 부닥쳤을 때 나는 함께 있어 주는 친구였던가?'

이 말을 다시 직장으로 옮겨온다면, '사장인 나는 직원들이 어려움에 부닥쳤을 때 함께 있어 주는 사람인가?'가 된다. 직원들이 회사를 떠나는 것에 대한 배신감만 느끼지 말고, 직원들이 사장에게 느꼈을 배신감도 함께 생각해야만 한다.

서로에 대한 위험을 마땅힌 감수한다는 말

어려울 때 내 친구가 함께 있어 주지 않는 것은 곧 내 위험을 함께 감당하지 않겠다는 의미이다. 세상 그 어떤 관계보다 가족 관계가 그토록 끈끈한 것은 상대의 위험을 내 위험처럼 생각하기 때문이다.

흔히 어떤 사장은 '우리 회사는 정말 가족 같은 회사야.'라고 말을 하지만, 이것은 그냥 관계가 친밀하거나 분위기가 화기애애하다고 해서 사용해서는 안 되는 말이다.

정말로 가족 같은 회사란, 바로 '서로의 위험을 함께 감당해내는 회사'여야 한다. 하지만 그렇다고 '내 직원이니까', '그래도 정이 들었는데'라는 이유로, 위험까지 감당할 필요는 없다. 그것은 감정에 기반한 희생을 전제하는 것이기 때문에 오래가기가 어려울 수 있다.

그보다 직원의 위험을 함께 감당해내는 것은 사장에게 훨씬 유리하고 이득이 되는 행동이다. 서로에 대한 위험의 감수는 곧 회사 내에서의 강한 신뢰로 연결되고 이것은 '신뢰 자본'이 돼 회사를 더욱 발전시켜주기 때문이다.

춘추시대에 변두리에 있던 후진국을 강성대국으로 만들었던 진(秦)나라 목공(穆公)이라는 사람이 있었다. 《춘추좌씨전》에는 부하에 대한 위험의 감수와 강한 책임감을 가진 목공의 전설 같은 이야기가 실려 있다.

어느 날 목공은 이웃에 있는 또 다른 진(晉)나라에 대한 공격을 명령하면서 맹명시라는 자를 총사령관으로 임명했다. 하지만 맹명시는 승전보를 전하기는커녕 포로가 됐다가 석방되는 치욕을 당했다. 일반적인 왕이라면 그런 맹명시를 호되게 나무라거나 책임을 지우겠지만, 목공은 전혀 그렇지 않았다. 그는 무려 상복까지 입고 나와 맹명시를 맞으며 이렇게 말했다.

"모든 것이 내 책임요. 장군은 이 패배를 잊지 말고 더욱 힘써주시오."

수년 뒤, 다시 맹명시가 진나라와 싸움을 벌일 때에는 상황이 사뭇 달랐다. 결사 항전의 자세로 싸움에 임한 맹명시는 승전고를 울리며 귀국했다. 그때에도 목공은 슬픈 얼굴로 국경까지 나가 군사들을 맞으며 이렇게 이야기했다.

"이번 전투로 목숨을 잃은 모든 영령에게 고합니다. 여러분이 죽은 것은 바로 저의 죄입니다. 여러분의 희생에 대해 깊이 잘못을 뉘우치고 있습니다."

목공의 이러한 '내 죄 내 탓'에 대한 더 놀라운 일화가 있다. 자신이 애지중지하던 말이 궁궐에서 달아났을 때 발생했다. 관리자가 말을 쫓아갔으나 끝내 되찾지 못했고, 알고 보니 산 너머의 마을 사람들이 왕의 말을 잡아 먹어버렸다. 관리자는 화가 머리 끝까지 나서 관련자를 모조리 체포하고 투옥했다. 이 소식을 들은 목공은 투옥된 자들을 전원 궁궐의 화려한 연회장을 오도록 했다.

"그대들이 죄를 지은 것이 있다면 그것은 말 한 마리에 대한 것이요. 그런 것 정도로 처벌받을 일이 아니오. 오히려 제대로 관리하지 못한 짐의 탓이외다. 내가 알기로는 말고기만 먹고 술을 먹지 않으면 몸에 질병이 생긴다고 들었으니, 이제 술 한잔을 대접하려고 하오."

그러던 어느 해, 목공은 직접 군사를 이끌고 전쟁터로 나간 적이 있었다. 그런데 병력이 너무 적어 적군에게 둘러싸여 큰 위기를 맞았다. 그때 바람 같이 나타난 일군의 무리가 목공을 구해냈다. 그들은 자신의 목숨은 아무것도 아닌 듯, 용맹하게 싸웠다. 그런데 목공이 그들의 행색을 보아하니 자신의 군사들은 아니었다. 목공이 "그대들은 도대체 누구시오?"라고 물었더니 그들은 이렇게 대답했다.

"예전에 말을 잡아먹은 백성들입니다."

군대가 패배해도 내 탓, 군대가 승리했지만, 병사들이 죽었으니 그것도 내 탓, 누군가 내 말을 잡아먹어도 내 탓을 했던 목공은 드디어 자신의 목숨을 건지는 후한 선물을 받을 수 있었다. 그가 부하와 백성의 허물과 위험을 감싸주고 함께 슬퍼하자, 그들도 목공을 위해서 목숨을 거는 위험을 감수했다.

최고의 신뢰 관계란?

1800년대, 프랑스에는 타고난 곡예사 찰스 블론딘이라는 인물이 있었다. 그는 장대 막대기 하나에 의존해 나이아가라 폭포 위에 설치된 밧줄을 걸어서 세상을 깜짝 놀라게 했다. 심지어 뒤로 걸어서, 혹은 자전거를 타고 건너기도 했다.

블론딘은 사람을 업고 폭포를 건너는 실험을 하려고 했다. 그는 청중을 향해 "내가 사람을 업고 이 로프를 건널 수 있다고 생각합니까?"라고 물었다. 그러자 청중은 열광적으로 "우리는 당신을 믿습니다!", "당신은 충분히 해낼 수 있어요!"라고 화답했다. 그러자 블론딘이 이렇게 말했다.

"그럼 제 등에 업힐 자원자는 앞으로 나와주십시오!"

분위기는 순간 착, 가라앉고 말았다. 그 누구도 나서려고 하지 않았기 때문이다. 그때 한 명의 사람이 걸어 나왔으니 블론딘의 곡예 일정을 짜고 관리를 해주던 해리 콜코드라는 자였다. 그리고 둘은 마침내 하나가 돼 나이아가라 폭포를 건너는 대업을 완성했다.

일반 군중과 해리 콜코드의 차이는 바로 '위험의 감수'였다. 내가 진정으로 믿는다는 것은 곧 그와 함께 위험을 감수하겠다는 의미다. 그리고 바로 이런 상태에서 사람과 사람 사이에는 최고의 신뢰 관계가 형성된다.

만약 사장이 먼저 직원이 감당할 만한 위험을 감수한다면, 이는 최고의 신뢰를 위한 첫 걸음을 떼는 것이 된다.

가끔 언론에 '일하기 좋은 100대 기업'에 관한 시상식이 열렸다는 기사가 실리곤 한다. 이 프로젝트를 처음으로 시작한 사람은 미국의 '위대한 직장 연구소'의 설립자인 밀튼 모스코비츠였다. 그는 로버트 레버링과 함께 연구를 거듭한 후, 1984년《일하기 가장 훌륭한 100대 기업》이라는 베스트셀러를 펴냈다.

그들은 '훌륭한 기업'의 조건으로 많은 복지나 높은 급여를 꼽지 않는다. 이보다는 오히려 '조직 내에서 신뢰가 쌓였을 때 회사에 대한 만족도가 높다'라고 한다. 그리고 만약 이렇게 만족도가 높은 조직이라면, 당연히 다른 회사와의 경쟁에서도 더 전투력을 발휘할 수 있음은 당연한 일이다.

이러한 신뢰와 불신, 그리고 전투력의 상관관계를 일찌감치 알아본 사람이 바로《손자병법》을 지은 손무였다. 그는 군대가 반드시 패배하게 되는 여러 가지 요인을 들며 설명했는데, 구중에 하나가 신뢰의 문제이며, 군내가 내부적으로 분열하게 되면 필패할 수밖에 없다고 말한다.

'전방부대와 후방부대가 서로 연락을 취하지 못하게 해서 지휘체계가 망가지고, 부대와 부대 간에 서로 믿고 의지하지 못하고 서로를 도와주지 못하게 되고, 이렇게 서로가 도움을 주지 못해 병사들이 이탈하고, 낙오된 그들이 다시 찾아오지 못하게 되면 전투대열이 흩어지게 된다.'

전투대열이 흩어진다는 것은 곧 힘의 분산을 말하며 최종적으로는 패배를 의미한다. 손무가 지적하는 이 대목에서는 곳곳에 '소통과 신뢰, 도움'이라는 요소들이 깔려 있다.

서로를 믿지 않으면 불필요한 비용이 발생된다

불신은 내부의 경쟁력을 약화하기도 하지만, 더 중요한 문제는 그것이 '불신의 비용'을 만들어 낸다는 점이다. 이는 회사보다 더 대규모의 조직인 국가의 차원에서 이미 검증이 끝난 문제이기도 하다. 사회 구성원들이 서로서로 믿지 못하게 되면 불필요한 비용이 발생하게 되고 지출이 높아지게 된다. 하지만 서로 신뢰하는 경향이 강하면 이것이 곧 '신뢰 자본'이 된다. 1900년대 《역사의 종언》이라는 논문과 단행본으로 일약 스타가 됐던 미국 정치경제학자 프랜시스 후쿠야마는 이렇게 이야기했다.

"지속적인 경제성장을 달성한 국가는 '신뢰'라는 자본이 풍부한 국가다."

그는 사회 구성원 간의 신뢰야말로 경제 효율성을 높이고 국가 경쟁력을 높여 나갈 수 있는 가장 중요한 사회적 자본이라고 정의했다. 불신에 따른 갈등과 불신 해소를 위한 견제장치에 필요한 엄청난 사회적 비용을 생각하면 참으로 요긴한 지적이다.

삼성경제연구소가 2019년 발표한 바에 따르면, 한국 사회에서 매년 사회적 갈등을 조절하는 데 드는 비용만 246조 원이다. 국가의 1년 전체 예산이 550조 원이라는 점을 상기해본다면, 불신으로 지출되는 비용이 어마어마하다는 사실을 알 수 있다.

회사도 마찬가지다. 불만을 가진 직원이 한 명 퇴사하게 되면 그때부터 돈과 시간이 지출된다. 새로운 사람을 뽑기 위해 채용 공고를 내야 하고, 시간을 내서 면접을 해야 하고 회의도 해야 한다. 입사가 결정되면 또다시 그 사람이 적응하기까지 시간이 흐르고, 그 사이에도 월급은 나가게 돼 있다. 설사 퇴사한 누군가 노동부에 고발이라도 하게 되면 대표자는 불려가서 조사를 받고 벌금을 내야 할 수도 있다. 불신의 발자취 곳곳에 돈이 흘러 낭비되고 있다.

다소 과격하게 거리에서 전도하는 사람들은 '예수 천당, 불신

지옥'이라는 피켓을 들고 있다. 각자의 종교가 다르니 '예수 천당'에 대한 판단은 제각각이겠지만, '불신 지옥'은 직장 내에서도 진리로 통한다. 회사에서의 관계에서 신뢰가 떨어지는 순간, 그곳은 바로 지옥이 된다.

직원의 잘못, 실수도 함께 감당하고, 함께 슬퍼하자. 모든 것이 사장의 탓은 아닐지언정 사장의 책임이라고 생각해보자. 그러면 서서히 구성원 간에 단단한 신뢰가 형성될 것이고, 그 신뢰의 자본이 회사의 발걸음을 더욱 단단하게 만들어 줄 것이다.

◆── 사장을 위한 인문학 ──◆

사회 구성원들이 서로 믿지 못하게 되면 불필요한 비용이 발생하고 지출이 높아지게 된다. 불만을 가진 직원이 한 명 퇴사하게 되면 그때부터 돈과 시간이 지출된다. 새로운 사람을 뽑기 위해 채용공고를 내야 하고, 시간을 내서 면접을 해야 한다. 입사자가 생기면 그 직원이 적응하기까지 시간이 흐르고, 그 사이에도 월급은 나가게 돼 있다. 하지만 서로 신뢰하는 경향이 강하면 이것이 곧 '신뢰 자본'이 된다.

5
사장은 삶 앞에서 어떤 태도를 보여야 할까?

◀ 스토아학파가 오늘날의 사장들에게 주는 진정한 지혜 ▶

사장을 위한 인문학에서 결코 빠질 수 없는 것이 사장이 삶을 바라보는 태도에 관한 것이다. 물론 세계관은 각자 형성해야 할 몫이기는 하다. 그러나 사장은 기본적으로 '성공'이라는 것에 매우 집착하고, 그것을 용의주도하게 추구할 가능성이 크다. 문제는 그 결과 심신의 안정과 평화가 무너질 가능성이 매우 크다는 공통점이 있다.

행복을 위해 부(富)를 좇지만, 역설적으로 그것 때문에 자신의 행복이 파괴되는 결과를 부르게 된다. 최근 실리콘밸리의 최고경영자들이 '스토아Stoa'라는 고대 철학의 학파에 빠지는 것도 이와 같은 맥락이다. 자본주의 심장과도 같은 그곳에서 살아가는 경영자들은 극한 생존경쟁에서 비상구가 필요하다는 사실을 절실히 깨닫게 됐다. 우리 대한민국의 사장들도 결코 예외일 리는 없다. 삶과 성공을 바라보는 자신의 태도를 한 번쯤은 점검해야 할 이유는 바로 여기에 있다.

실리콘밸리는 왜 고통의 미덕에 집착하는가?

2019년 3월 26일, 뉴욕타임스에는 매우 흥미로운 기사 하나가 실렸다.

'실리콘밸리는 왜 고통의 미덕에 집착하는가?'

Why Is Silicon Valley So Obsessed With the Virtue of Suffering?

이 기사는 트위터의 최고경영자인 잭 도시Jack Dorsey와 참여형 뉴스사이트 디그Digg의 설립자인 케빈 로즈Kevin Rose의 실제 사례를 소개했다. 그들은 1년에 10일 정도는 묵언 명상을 하며, 냉수욕하며, 하루에 한 끼의 식사만을 하기도 한다. 또 한겨울에 샌들 차림으로 밖에 나선다거나 비 오는 날에 비옷을 입지 않고 비를 모조리 맞기도 한다고 한다.

기사는 과거 스토아학파의 금욕주의에 따라 경영자들이 희열과 비애의 격한 감정을 관리하기 위해 자신을 자발적인 고통 속에 몰아넣고 있다고 분석하고 있다. 이로써 사업을 하면서 느끼게 되는 스트레스와 슬픔, 그리고 분노를 치료한다고 말한다. 하지만 이 기사는 '부자'와 '고통'이라는 자극적인 소재로 기사를 썼지만, 스토아학파가 가지고 있는 진정한 의미를 부각하지 못했다고 볼 수 있다. 스토아학파는 '지혜를 통한 마음의 행복'을 말하기는 했지만, 신체적인 고통에 대해서는 거의 관심이 없기 때문이다.

스토아학파가 오늘날의 사장들에게 주는 진정한 지혜는 '자신의 한계를 알고 선을 긋는 것'이라고 볼 수 있다. 사업이란 늘 한계를 돌파해 나가는 것이라는 점에서 사장에게는 매우 역설적으로 들릴 수 있다. 그러나 한계를 긋지 않아서 시작되는 폭주는 모든 고통의 근원이자 시작이다.

한계 없는 쾌락에 대한 추구는 몸을 망치고, 한계 없는 욕구는 탐욕을 낳고, 한계 없는 부러움은 우울과 분노를 낳는다. 한마디로 선을 넘지 않아야 '나'의 평안함이 담보될 수 있다. 되돌아보면 뉴스에 등장하는 대부분 나쁜 사건 사고의 주인공들은 대부분 선을 넘는 경우가 많다.

이렇게 자신의 한계를 알고 선을 긋기 위해서 스토아학파는 '내가 통제 가능한 것과 그렇지 않은 것'을 구분한다.

스토아학파의 대표적인 인물 에픽테토스Epictetus는 이렇게 이야기하고 있다.

"세상의 많은 일 가운데는 내 권한에 속하는 것이 있고, 속하지 않는 것이 있다. 내 권한에 속하는 것은 생각, 충동, 욕구, 혐오 등 우리가 하는 행위다. 내 권한에 속하지 않는 것은 육신, 재산, 평판, 직위 등 우리가 하는 행위가 아닌 것들이다."

따라서 스토아학파의 마음 다스리기는 2단계로 진행된다. 일단 '내 권한에 속하지 않는 것'에 대해서는 완전히 마음을 내려놓고 포기를 해야 한다는 것이고, 두 번째 '내 권한에 속하는 것'을 최대한 잘 다스리자는 이야기다. 이 두 번째 방법을 잘 수행해내는 것은 무엇일까. 생각, 충동, 욕구, 혐오라는 원초적인 감정을 다스릴 수 있는 최대한의 방법에는 어떤 것이 있을까? '명상하라.'라거나 혹은 '착하게 살아야 복을 받을 수 있다.' 같은 대답을 할 수 있다. 그러나 스토아학파는 인간에게 주어진 가장 최후의 한계를 제시한다. 그것은 바로 '죽음'이다.

죽음은 삶이 만든 최고의 발명인 이유

마르쿠스 아우렐리우스Marcus Aurelius는 이렇게 말하고 있다.

"너는 수만 년을 살 것처럼 행동하지 마라. 피할 수 없는 운명이 네 곁에 있다. 살아 있는 동안, 할 수 있는 동안 선한 자가 돼라."

"머지않아 너는 어느 곳에도 존재하지 않게 될 것이다. 네가 지금 보고 있는 것 중에 그 어느 것도, 지금 살아 있는 사람 중에 그 누구도 그렇게 되지 않는 존재는 없다."

잠시 마르쿠스 아우렐리우스라는 인물의 배경을 알아보자, 그가 했던 말이 얼마나 절절한 의미를 담고 있는지 조금 더 알 수 있다. 그는 로마제국 제16대 황제였으며 13년이나 목숨을 걸고 전장을 누빈 사람으로 '로마 시대의 최전성기'를 이끈 5명의 현명한 황제를 의미하는 '오현제(五賢帝)'의 한 명이다. 그러니 그의 경험과 식견은 가히 짐작이 가지 않을 정도이다.

특히 로마의 황제라면 불가능은 존재하지 않는 것처럼 생각하고 행동해야 하며, 불굴의 도전정신으로 따진다면 오늘날 일개 사장의 레벨은 훌쩍 뛰어넘을 것이다. 그런 그가 '죽음'을 말하고, 삶의 무상을 기억하라고 하는 것이야말로 스토아학파의 위대성이라고 봐야 한다.

결과적으로 죽음은 '나의 권한에 속하는 것들'인 생각, 충동, 욕구, 혐오를 제어할 수 있는 가장 완벽한 수단에 속한다.

과거 스티브 잡스가 2005년 스탠퍼드대학의 졸업식에서 했던 축사는 수천 년 전 마르쿠스 아우렐리우스가 설파했던 죽음에 관한 이야기와 크게 다르지 않다.

"제가 곧 죽으리라는 것을 생각하는 것은, 제가 인생에서 큰 결정들을 내리는 데 도움을 준 가장 중요한 도구였습니다. 모든 외부의 기대들, 자부심, 좌절과 실패의 두려움, 그런 것들은 죽음 앞에서는 아무것도 아니므로, 진정으로 중요한 것만을 남기게 됩니다. 죽음을 생각하는 것은 당신이 무엇을 잃을지도 모른다는 두려움의 함정을 벗어나는 최고의 길입니다. (…) 죽음은 우리 모두의 숙명입니다. 아무도 피해 갈 수 없죠. 그리고 그래야만 합니다. 왜냐하면, 죽음은 삶이 만든 최고의 발명이니까요. 죽음은 변화를 만들어 냅니다."

죽음이 만들어 내는 변화. 그것은 어쩌면 세상에서 가장 어려운 일 중의 하나인, 나에 대한 통제일 수가 있다.

다만 스토아학파의 이야기가 부인할 수 없음에도 불구하고 다소 지나치게 비장한 면이 있다. 우리는 매일 매일 거의 습관적으로 내 몸과 마음의 편안함을 추구한다는 점에서 늘 죽음을 떠올리면서 살아가기는 쉽지 않은 일이다. 그래서 우리는 조금은 더 가볍고 편안한 장자의 이야기에 귀를 기울일 필요가 있다.

스토아학파가 '죽음'이라는 것을 지금 바라보는 나의 관점을 바꾸는 일이라면, 장자는 '허심(虛心)'과 '도(道)'라는 것으로 자신의 관점을 바꾸라고 조언한다. 우리는 가끔 듣게 되는 허(虛), 무(無), 도(道) 같은 동양철학을 들으면 신비롭게 느낄 뿐, 실제 삶과는 별로 관련이 없는 것처럼 생각하기도 한다. 그러나 그것에서 현실적인 지혜를 얻는 것이 어려운 일은 아니다.

받아들이는 것의 어려움

《장자》에 포정(庖丁)이라는 자가 등장해 소를 잡는 자신의 기술에 관한 이야기하는 장면이 등장한다. 왕이 그를 칭찬하자 그는 이렇게 대답한다.

"처음 제가 소를 잡을 때 보이는 것은 전체 소의 몸통뿐이었습니다. 3년이 지나자 소에는 몸통뿐만 아니라 또 다른 것도 있었습니다. 자연스러운 결을 따라서 살과 뼈 사이의 큰 틈새를 치고 뼈마디 빈 곳에 칼을 놀려 뼈나 살이 붙은 결 그대로를 따라갑니다. 소의 본래 모습 그대로는 따라가니, 일할 때 질긴 근육을 다치지 않게 됐습니다. 그러니 큰 뼈를 건드릴 일도 전혀 없습니다. 솜씨 좋은 백정도 해마다 칼을 바꾸는데 이는 살을 자르기 때문입니다. 평범한 백정은 달마다 칼을 바꾸는데, 이는 뼈를 자르기 때문입니다. 지금 제 칼은 19년이나 됐고 잡은 소도 족히 수천 마리는 될 것입니다. (…) 그렇지만 뼈와 힘줄이 엉켜 있는 부분에서는 어려움을 느끼고 긴장된 마음으로 더욱 조심하게 됩니다. 시선을 모으고 손을 천천히 움직여 칼질을 더욱 섬세하게 합니다. 이윽고 살덩어리가 뼈에서 떨어져 나오지요. 마치 흙덩이가 탕에 툭, 떨어지듯 아무런 칼자국도 없이 말입니다."

뼈를 자르지도, 살을 자르지도 않고 오로지 틈새와 틈새 사이의 결만을 잘라 상처 없이 소를 해체한다는 이야기다. 이 말은 곧 텅 빈 마음(虛心)으로 뻐나 살과 대립하려고 하지 말고, 자연 그 자체에 순응하며 살아가야 한다는 교훈을 준다.

이 말은 텅 빈 마음을 가지라거나, 세상에 순응해서 살라는 것이 곧 사업적으로 손해를 봐도 허허거리며 웃고, 직원이 회사 정보를 빼내 경쟁회사에 취업해도 넓은 마음으로 용서하라는 의미가 아니다.

그것은 곧 '어떤 일이 생겨도 받아들여라.'라는 수용의 자세이다. 대체로 사람이 감정의 폭풍에 휩싸이는 것은 자신에게 일어난 일을 받아들이지 못해서 생기는 일이다. 사랑하는 사람이 바람을 피우거나, 소중한 자녀가 갑자기 죽음에 이를 때, 사람은 그 자체를 우선 받아들이지 못하면서 큰 감정의 소용돌이에 휩싸이게 되고 그 감정에서 고통을 받는다.

'텅 빈 마음으로 세상에 순응하라'라는 말은 사장에게 닥칠 수 있는 수많은 변수에서 생길 수 있는 감정의 동요를 잡아줄 수 있고, 그것으로 인한 스트레스에서 한걸음 물러설 수 있도록 도움을 준다.

사실 스토아학파의 이야기와 장자의 이야기는 크게 다르지 않았다. 스토아학파는 '나의 한계'와 '죽음'이라는 도구로 살아 있는 현재의 나를 조절하라는 것이며, 장자는 '텅 빈 마음'과 '순응'으로 오늘의 나를 관리하라는 것이다.

사장의 마인드를 조절해줄 수 있는 수많은 조언이 있겠지만, 우선 스토아학파와 장자의 지혜, 최소한 이 두 가지의 내용만 마음에 담고 있다면, 끊임없이 불어닥치는 감정적 파도의 세상에서 균형을 유지할 수 있을 것이다.

◆── **사장을 위한 인문학** ──◆

감정의 동요로 인해 스트레스를 받고 있는가? 장자가 말했다. '텅 빈 마음으로 세상에 순응하라.' 이 말은 사장에게 닥칠 수 있는 수많은 변수에서 생길 수 있는 감정의 동요를 잡아줄 수 있고, 그것으로 인한 스트레스에서 한걸음 물러설 수 있도록 도움을 준다.

지금 외롭다면, 잘못 일하고 있는 것이다

사장의 심리적 내면을 설명하는 말 중에 가장 많이 등장하는 것
이 바로 '외로움', '고독' 등이다. 여기에 '왕관의 무게를 견뎌야
한다.'라는 등의 이야기가 함께 나오면, 사장이라면 으레 쓸쓸한
고독에 휩싸여 있지 않으면 안 되는 존재인 것처럼 느껴지기도
한다. 사장의 이러한 외로움은 다소 낭만적으로 과장돼 있다고
볼 수 있다.

돈이 많지만 누군가를 믿을 수 없고, 원래 마음은 따뜻하겠지
만 냉정해야 하는 등의 역설적인 상황은 영화나 드라마에서 소
비하기 딱 좋은 이미지이기도 하다. 하지만 사장이 아니라도 외
로운 사람은 너무도 많다.

2019년 조사에 의하면 20대 10명 중 6명은 외로움을 느끼고,
퇴직한 중년의 남성도, 갱년기에 들어선 여성도 모두 저마다의
외로움을 느끼곤 한다. 해외 선진국에서는 외로움을 '질병'으로
규정하고 있으니 그것이 얼마나 대중적인 감정인지를 잘 알 수
있다. 따라서 '사장은 외로운 직업'이라는 규정은 오류에 가깝다

고 볼 수 있다. 그리고 정말 사장이라서 사무치게 외롭다면, 사장실로 출근할 것이 아니라 병원으로 향해야 한다. 외로움은 조기 사망 위험을 14퍼센트나 증가시키고, 담배를 피우지 않아도 하루 15개비를 피우는 정도의 치명적인 영향을 주기 때문이다.

'사장은 외롭다'라는 인식이 생기기 시작한 것은 70~80년대다. 급속한 발전이 있던 시기에 모든 선택과 결단이 오로지 사장 한 명에게만 집중돼 있었기 때문이다. 성공의 영광도, 실패의 좌절도 오로지 사장이 감당해야 할 몫이었으니 어쩌면 당연히 외로울 수밖에 없었을 것이다.

하지만 지금은 소통과 협업이 무엇보다 중요하다. 수많은 지식과 정보에 접근할 수 있으며, 뛰어난 인재와 함께 회사의 '집단지성'을 활용할 수 있는 시대가 됐다. 홀로 결단할 필요도 없고, 고독하게 회사의 미래를 혼자만 책임질 필요도 없다. 설사 어느 정도의 외로움이 있더라도 그것은 성취하는 모든 과정에서 생기는 당연한 과정이기도 하다.

금(金)나라 당시의 잡설을 모아 놓은 《귀잠지(歸潛志)》라는 책이 있었다. 거기에 십년한창(十年寒窓)이라는 문구가 등장한다.

'옛말에 10년 동안 창문 아래서 찾는 이가 없어도, 한번 이름을 날리면 온 세상이 다 알게 된다.'

당시의 젊은 선비들이 세상에 나가 공을 세우고 직책을 얻기 위해서는 과거시험밖에 없었다. 그러니 타인과의 교류를 끊고 방에 처박혀 오로지 글을 읽고 외우는 일만 해야 했고, 그래야 겨우 합격을 할 수 있었다.

'십년한창'은 출세를 바라는 자가 거치는 당연한 과정일 뿐이다. '시험에 합격하려니 너무 외로워.'라고 말한다면 진정 출세에 대한 열망이 있는지 의심스러울 수밖에 없다. 마찬가지로 '사장이 되려니 너무 외로워.'라고 말한다면 지금 자신이 뭔가 잘못 생각하고 있지는 않은지 되돌아봐야 한다.

리더십의 대가로 불리는 존 맥스웰John Maxwell은 이렇게 이야기한 적이 있다.

"정상에 있다고 꼭 외로워야 할 이유는 없다. 밑바닥에 있는 사람들도 마찬가지다. 나는 바닥에서, 정상에서, 또 중간에서 외로워하는 사람을 많이 만났다. 외로움은 결코 지위의 문제가 아니다. 성격의 문제다. (…) 가령 당신이 리더인데 외롭다면 당신이 리더의 노릇을 제대로 못 하고 있다는 뜻이다. 생각해보라. 당신이 외롭다면, 누구도 당신을 따르지 않는다는 뜻이다. 또 누구도 당신을 따르지 않는다면, 당신은 진정한 리더가 아니라는 뜻이다."

사실 정말로 사장이 정상에 있다면 외로울 수가 없다. 사회공

헌을 하면 봉사의 기쁨을 느낄 수도 있고, 후배를 양성하면서 사람 키우는 즐거움도 느낄 수 있다. 돈이 많은 만큼, 할 수 있는 것도 많은데 굳이 외로움을 느낄 필요는 없다는 이야기다. 설사 외로움을 느낀다고 하더라도 매우 일시적일 가능성이 크고, 그것은 오히려 사장의 일에 도움이 될 수 있다.

시카고대 심리학과 존 카시오포John Cacioppo 교수는 이런 말을 한 적이 있다.

"일시적인 외로움은 삶을 건강하고 생산적으로 만들 수 있다."

사장에게 외로움은 단순한 과정이고, 가뿐히 넘어서야 할 사소한 장애물에 불과하다. 지금, 자신의 외로움을 돌아보고 자신을 진단하는 시간을 가져볼 필요가 있다.

사장을 위한 인문학

초판 1쇄 발행 2021년 8월 3일
초판 2쇄 발행 2021년 11월 15일

지은이 이남훈
펴낸이 정덕식, 김재현
펴낸곳 (주)센시오

출판등록 2009년 10월 14일 제300-2009-126호
주소 서울특별시 마포구 성암로 189, 1711호
전화 02-734-0981
팩스 02-333-0081
메일 sensio@sensiobook.com

경영지원 김미라
디자인 Design IF

ISBN 979-11-6657-033-9 03320

소중한 원고를 기다립니다. sensio@sensiobook.com